改訂2版

人びとのかたち

比較文化論 十二講

三苫民雄 Mitoma Tamio

ふくろう出版

はじめに－神への供物

　本書は大学での「比較文化論」の講義を想定して書かれたものです。以前受講生は事前にハリウッド映画の『天地創造』（ジョン・ヒューストン監督作品, 175分, 1966年）を観て、レポート用紙に感想を書いてくることを要件としていました。

　当初は授業時間の不足分を補うために、上映時間の長い映画を観て、感想の執筆時間も考慮に入れつつ、3時限分の授業時間に換算しようというあまりよろしくないことを考えていたのです。しかし、そのこととは別に、この映画を観ることは本講義への導入として非常に効果的でした。

　というのも、この映画は旧約聖書の世界天地創造からイサクの生贄のエピソードまでを描いた超大作映画なのですが、西洋文化の根幹にあるユダヤ・キリスト教的世界観の一端に触れておくという意味でも、これは願ったりかなったりの内容だったからです。

　この映画の感想の中で多くの学生が違和感を持ち、納得できないと考えるのが、アブラハムが神に命じられて息子のイサクを生贄として捧げようとするシーンです。いくら神様の命令だとはいえ、あんまりだと感じるようです（私も日本人的な感覚からそう思います）。

　映画ではアブラハムは苦悩の表情を見せていたと記憶していますが、聖書の該当箇所である「創世記」22を見ると、もっと驚くことに、アブラハムが悩んだりためらったりした記述が存在しないのです。

　ちなみに、このことを見事に指摘しているのは私ではなくて、内田樹先生です（『街場のアメリカ論』NTT出版, 2005年, 145頁）。内田先生の本はどれもお勧めです。本講義でも設例などを作るうえで大いに参考にさせていただいています。

　このように単に「書かれていること」だけではなくて、「書かれていないこと」にまで注目することができるのは、大変なことです。この思考法

は比較文化論においても大いに効果を発揮しますので、常に頭の片隅に置くようにしてください。

さて、その問題の箇所は次のようになっています。

　神が命じられた場所に着くと、アブラハムはそこに祭壇を築き、薪を並べ、息子を縛って祭壇の薪の上に載せた。そしてアブラハムは、手を伸ばして刃物を取り、息子を屠ろうとした。　　　（22.9－10新共同訳）

確かにアブラハムは何とも淡々と実行しているように見えます。内田樹先生は同書で、ヨーロッパには「子どもは無垢で愛すべき存在である」とみなす心性の伝統そのものが存在しなかった（同頁）と述べています。そうだろうなと思います。実際、このことについては、欧米社会で何年か暮らしたことのある方には実感できる部分があるのではないでしょうか。

およそ旧約聖書の神は日本人の目には極めて理不尽であるように映ると思いますが、神がすべての始まりと信じる人たちにとって、神の命令は自然を超越した絶対的なものなのです。

この超越とか絶対という観念もまたふつうの日本人にとっては理解できないものですが、その神の命令とあらばわが子でも生贄に捧げようとするくらいですから、他の民族を虐殺することなども当然のようにやってのけます。

この点で旧約聖書の「ヨシュア記」6、エリコの占領が驚きとともに読まれなければならない箇所でしょう（ちなみに、これは2010年夏に他界された小室直樹博士がかつて指摘されていたことです）。

城塞都市エリコは神からイスラエル人に与えられ、「町とそのなかにあるものは、ことごとく滅ぼし尽くして主にささげよ」（新共同訳6.17）と命じられます。そして、イスラエルの民はその命令どおり「男も女も、若者も老人も、また牛、羊、ろばに至るまで町にあるものはことごとく剣にかけて滅ぼしつくした」（6.21）とあります。

その徹底ぶりは見事なくらいですが、パレスチナ紛争は言うまでもなく、現代の戦争や地域紛争も相手が欧米やイスラム諸国であれば、実際にはこういうつもりで行なわれていると考えていいでしょう。

　以上二つの神への捧げ物についての恐るべき文化的特徴を押さえた上で講義に臨んでもらえれば幸いです。

三苫　民雄

目　　次

はじめに－神への供物

第1章　異文化との付き合い方 ・・・・・・・・・・・・・・・・・・・・・・・・・・・・・・・・・・・・*1*

　　1　自己紹介とお国自慢　*1*

　　2　文化の特徴　*2*

　　3　文化と文明　*4*

　　4　異文化　*5*

　　5　文化相対主義と普遍的価値　*6*

第2章　異文化摩擦：事例研究 ・・・・・・・・・・・・・・・・・・・・・・・・・・・・・・・*11*

　　1　命にかかわる違い　*11*

　　2　感情的葛藤　*12*

　　3　法と正義のすれ違い　*16*

　　4　アメリカ人弁護士の憂鬱　*19*

第3章　カルチャーショックと逆カルチャーショック ・・・・・・・・*23*

　　1　カルチャーショック　*23*

　　2　結婚とDV　*25*

　　3　子ども嫌いの文化　*27*

　　4　逆カルチャーショック　*31*

第4章　比較文化論からみたジャズ ・・・・・・・・・・・・・・・・・・・・・・・・・・・*34*

　　1　異文化接触と料理　*34*

　　2　音楽の新ジャンル　*35*

3 ニューオリンズ前史 *36*

4 ニューオリンズという町 *38*

5 ニューオリンズのクリオール *39*

6 ジャズ誕生の現実の姿 *40*

7 ストーリーヴィル *40*

8 ニューオリンズからシカゴあるいはカンザス・シティーへ *40*

9 ジャズのスタイルの変遷 *41*

10 都会人の憂鬱と孤独、現代音楽的、室内楽的世界 *44*

第5章　文化と文明、そしてユダヤ・キリスト教 ‥‥‥‥‥‥‥ *47*

1 四大文明と宗教文化 *47*

2 ユダヤ教のユニークさ *48*

3 ユダヤ教の文明史的意義：直線的時間 *50*

4 キリスト教の文明史的意義：歴史的時間 *52*

第6章　ヘブライズムとヘレニズム ‥‥‥‥‥‥‥‥‥‥‥‥‥ *57*

1 ルネサンスと宗教改革 *57*

2 近代国民国家と中・東欧 *59*

3 ユダヤ人問題 *61*

4 プロテスタンティズムの倫理とウェーバー *62*

5 イスラム教概説 *64*

6 スンニー派、シーア派、イスラム神秘主義 *66*

第7章　ハンガリーの文化と歴史 ‥‥‥‥‥‥‥‥‥‥‥‥‥‥ *69*

1 比較文化のモデルケースとしてのハンガリー *69*

2 人口比世界一 *70*

3 ハンガリーの歴史 *72*

4 言語 *75*

5　民族文化　*75*

第8章　ヘブライズムの正義 ‥‥‥‥‥‥‥‥‥‥‥‥‥‥‥ *79*

　　1　不正の処罰について　*79*

　　2　旧約の正義　*82*

　　3　法的正義の現在　*85*

　　4　「正義」の現実の姿　*86*

第9章　同じこと、変わらないこと‥‥‥‥‥‥‥‥‥‥‥‥‥ *89*

　　1　人間は愚かさにおいて共通している　*89*

　　2　合理的ではない人間行動　*90*

　　3　行動経済学の展開　*93*

　　4　超ヤバい経済学　*95*

第10章　「弱さ」とネットワーク‥‥‥‥‥‥‥‥‥‥‥‥‥‥ *100*

　　1　優勝劣敗モデルの行き詰まり　*100*

　　2　弱者の持つ意味　*101*

　　3　「弱さ」との共存　*103*

　　4　自発的な協働の力　*106*

　　5　ネットワーク理論、あるいはこの分かりにくい

　　　　素晴らしい世界　*109*

第11章　日本人の宗教性‥‥‥‥‥‥‥‥‥‥‥‥‥‥‥‥‥ *111*

　　1　日本の「無宗教」　*111*

　　2　近代世界のアトム化　*112*

　　3　壊れた宗教意識としての「無宗教」　*114*

　　4　日本的霊性：禅　*115*

　　5　日本的霊性：悪人正機説　*118*

6　日本的霊性：妙好人　*120*

第12章　日本文化について ………………………………… *124*

　　1　舶来上等の思想　*124*

　　2　仮名文字の発明　*126*

　　3　正義と法　*128*

　　4　江戸の学問　*129*

終　章　余　　　滴 ………………………………………… *133*

▎ナンバと速読と語学講座―中年からの独学　*133*

▎語学講座　*133*

▎速読　*134*

▎ナンバ　*135*

▎外国語を学ぶ人へ　*137*

▎ハンガリー絵画の個性派たち―ナショナル・ギャラリー案内　*139*

▎ハンガリーの文化的多元性について　*142*

▎ハンガリーの哲学について　*144*

▎レンジェル・メニヘールト（1880－1974）　*147*

▎ピシュタのこと　*149*

▎エステルハージ『ハーン＝ハーン伯爵夫人のまなざし
　　―ドナウを下って―』　*153*

▎ヴィシュキ・アンドラーシュ講演
　　「トランシルヴァニアの民話とフォークロア」　*156*

▎ハンガリー来訪記　*158*

第1章　異文化との付き合い方

1　自己紹介とお国自慢

　みなさん初めまして。三苫といいます。福岡市の生まれです。比較的珍しい姓ですが、福岡には結構ある名前です。福岡市には三苫海岸というところもあります。また、大分の日田盆地には三苫姓だらけの集落があると聞いています。ただ、九州地方を出ると、この姓はなかなか正しく読んでもらえません。

　父の仕事の関係で小中学校と4度ほど転校したので、自分の名前がローカルなものだという意識はかなり染みついています。大阪や島根県ではそれぞれ3年前後を過ごしたのですが、それぞれの地域で、名前が正しく読んでもらえないという以上に違いを意識したのが、地域文化の違いでした。

　実際、皆さんの中にも珍しい姓の方がいらっしゃると思いますが、生まれながらにして私たちが名前とともに背負っているのが地域の文化なのです。

　この講義では毎回授業の始めに今まであまり話したことのない人同士でペアになってもらって、まずはそれぞれに自己紹介をしてもらいます。たとえば向かって右側の席に座っている人から左側の人に、お名前を漢字でどう書くのかということ（もちろん漢字がある人についてですが）と、ご出身地域の独特の文化について話をしてください。時間は1分です。そして、時間が来たら役割を交代して同じく1分自己紹介をしてもらいます。

　こういうのをペアワークというのですが、講義中にしばしばこうしてペアワークで意見を交換してもらいます。また、前後の4名から6名くらいでグループになってもらって討論と発表をしてもらうことも予定していますので、よろしくお願いします。

　では、早速アイコンタクトでペアになってもらって、自己紹介とお国自

慢をそれぞれしてみてください。

2　文化の特徴

　皆さんにはいろんな文化的背景があるようですね。一つの地域で生まれ育った人ばかりでなく、私のように何度か引っ越しした人も結構いるようですね。地方都市で高校まで教育を受けた後、大学進学のために上京してそのまま東京に就職するなんて当たり前の状況です。盆暮れにＵターンラッシュが起こるのも道理です。

　また最近は海外で生活したり、教育を受けてきた経験のあるひとも決して少なくありません。いわゆる帰国子女もそうですし、仕事で海外に長く行っていた人や、国際結婚をされた人もあります。

　国際結婚は家庭内での異文化衝突のモデルケースのようなものですが、日本人同士でも出身地域が違うと慣習や料理の味付けに大きな違いが出てきますから、そもそも結婚というものがすでに異文化衝突だと言ってもいいくらいです。

　こうしてみると、皆さんはほとんどの人が何らかの形で「比較文化的状況」に身を置いてきた経験があると言うことができます。

　文化とは私たちがその中で生活し、成長してきた環境のすべてを含んでいます。それは私たちがこの世に生を受けたときから私たちの周りにある空気や水のような存在で、ふだんはそれ自体が意識に上ることはないのですが、別の場所に行くと否が応でもその違いに気がつかざるをえないといった性質のものです。

　ちなみに、ここで自己紹介していただいたのは、まずはお互いの違いを意識しておこうということです。時間に余裕があれば、皆さん一人一人にお隣の方の紹介をしていただきたいところですが、ここでは愛知産業大学短期大学のある岡崎市の（一部の）食文化について紹介しておきます。

　毎年11月頃になると、山中にあるクロスズメバチの巣を掘り出してきて、その幼虫（ヘボと言います）を炊き込みご飯にして食べます。地元の人に

2

第1章　異文化との付き合い方

よれば、それはそれは美味なのだそうです。

　という話をすると、うえーって感じの反応が起きたりもするのですが、岐阜や長野の一部にもこの食習慣は残っているそうですし、虫を食べる食文化は世界にはかなり広く見られます。虫好きの池田清彦さんの本を読んでいると、一番うまいのはセミなんだそうです。そういえば、大学の中国人留学生もセミはうまいと言っていました。

　それはともかく、少なくとも今のところは、お隣にすでに虫を食べるかもしれない謎の文化を秘めた人が座っている、と感じていただければ結構です。

　さて、比較文化論というのは言うまでもなく文化を扱う学問です。しかし、文化という言葉はふだん結構曖昧に使われています。本講義ではさしあたり文化というものを次のように定義しておきます。

　すなわち文化とは、人びとが集団で生活していくときに自ずと生まれてくる習慣や行動規範、あるいは美意識のことであり、それはしばしば非合理的なものを含む、と。

　人はその社会に生を受けたときから、その中で当該社会の成員として自己を確立していきます。そして、先にも述べたように、文化は空気や水のような存在であるとともに、身体そのものにも染みついたような性格を持っています。

　たとえば日本人は座るときにしばしばあぐらをかいて、これを楽な姿勢の一つと感じていると思いますが、西洋人は一般的にこの姿勢が得意ではありませんし、当然心地よい姿勢だとは感じません。

　ふだんの人びとの思考や行動は、いつも文化という環境の中で行なわれていて、始終その影響を受けていますが、人間の身体もまた文化の影響を受けながら、それ自身が文化としても作用しています。

3　文化と文明

　文化と同じように使われる言葉に「文明」というものがありますが、文明は文化と違って合理的で技術的な性質を持っていて、世界中に広がりやすい特徴（伝播性）があります。世界四大文明が広範囲にわたって影響力を有していたことはもちろん、近代の科学技術文明も世界中を席巻しています。自動車なんか世界中を走り回っているでしょう？　文化が地域から生まれて、地域の特色を持ち続けていることと比べると、文明は普遍性と誰にでもわかる合理性を持っていると言えます。

　文明の特徴は、それがすべて文化の上に成り立っているということです。文化は文明を支えています。そのため、広い世界の諸民族の中には文明を拒否する文化というものがあったりもします。

　かつてニューギニア高地人がそうした民族だということで注目を集めたことありましたが、西洋近代文明の影響を可能な限り排除したいと考える宗教的原理主義などもわかりやすい例でしょう。

　歴史家のクリストファー・ドーソンは四大文明の基底にはすべて何らかの宗教文化があったことを強調しています。ただし、これらの文明はすべて滅亡してしまったため、その文化もまた失われてしまい、今ではその遺跡からかつての文化をたどることさえ容易ではありません。

　ドーソンによれば、文明は常に文化によって支えられていて、さらにその文化は元来宗教的なものであるというわけです。この考えは、宗教を何か特別に変わった人びとの行ないと思いがちなわが国では少々受け入れがたいところがあるかもしれません。

　自らを「無宗教」と称する日本人にとって、文化（のような高級なもの）は宗教（のような非科学的な迷信のようなもの）と関係があってほしくないという（インテリの）願望のようなものが世の中に行き渡っているのも事実だからです。

　日本人のこの「無宗教」（日本起源のヘンな言葉だ）的態度については後ほど触れるとして、文化と宗教は、どちらも非合理的な根拠に基づいて

第1章　異文化との付き合い方

人びとの感覚や行動に影響を与えるという点では共通しています。今日の人びとの宗教観はさておき、かつては世界のどこの民族もその原始の時代には神話的世界の中にいたことを考えると、宗教から文化が発生したと考えることはそう不自然なことでもないでしょう。

4　異文化

　異文化に出合うとき私たちを襲う感情は何といってもまずは「驚き」です。自分たちが当たり前と思っていた事柄とはまったく異なる価値観を持つ人びとがいるわけですから、驚いて当然です。この驚きは私たちを異文化の新奇な魅力に惹き付ける場合もあれば、即座に嫌悪感をもたらすこともあります。

　文化が非合理的で感覚的なものである以上、異文化はときには嫌悪感を呼び起こすことがあっても仕方がない面があります。そのためもあってか、古来異文化同士が出合った場合には〈強い方が弱い方を滅ぼす〉ということが頻繁に起こってきました。

　後にも触れますが、ラス・カサス『インディアスの破壊についての簡潔な報告』（岩波文庫，1976年）によると、アメリカ大陸の各地で2,000万人を超える原住民が虫けらのように殺されています。とりわけカリブ海の島々の1,300万人の原住民は全滅してしまいました。征服者たちは原住民を生きたまま火あぶりにしたり、原住民の赤ん坊をその母親から取り上げ、手足を切って腹を空かせた飼い犬に与えたりしたことが記録されています。征服者たちの殺し方（これもまた文化なのですが）の残虐なことには驚かされないわけにはいきません。

　何でまたこれほどまでにと疑問に思われる向きには、このタガが外れた暴力の意味を、近代市場経済に特有の性質として考察した名著、長谷川三千子『正義の喪失』（PHP文庫，2003年）をお薦めしておきます。

　もちろん、世界史が血塗られた事件で充ち満ちているからといって、異文化が出合うすべての場合でこうした一方的な殺戮が起こるわけではあり

ません。文化は他方で実にしぶとい生命力を持っていて、文化の影響力は相互に及ぶことも少なくないのです。

　文化は本来変化しにくい性質を持っているのですが、異文化接触という刺激があると、その魅力が相手に浸透し、新たな文化があたかも化学反応のように生まれてくる場合があるのです。

　先ほど虫を食べる食文化のことを話題にしましたが、食文化はしばしば強国への憧れとともに世界中に広がることがあります。

　たとえば、生で挽き肉を食べるタタール人の風習は、火を通してハンバーグステーキとなり、ハンバーガーとなって世界中に広がりました。かつてのソ連崩壊前後のモスクワにマクドナルド１号店がオープンしたのは、ちょうど文化が世界を一周したと言ってもいい出来事でした。

　本書では第４章で、異文化が混交する中で生まれた新たな文化の例としてジャズという音楽の歴史をとりあげますが、ジャズは西洋音楽とアフリカの黒人音楽の絶妙なブレンドなのです。

　世界にはいろいろな文化があり、それぞれに存在意義を有しているということはまずは認められなければならない真理の一つだろうと思います。

5　文化相対主義と普遍的価値

　これを文化相対主義と言います。比較文化論の標準的な価値観はこれです。世界各地の文化にそれぞれ存在理由があり、それぞれに尊重されなければならないということには文句のつけようがないように見えます。

　ところで、ここで次の例を考えてみてください。

　インドの地方のある村では、夫に先立たれた妻は手足を縛られて、夫の遺体と一緒に生きながら火葬されなければならないという掟があります。

第1章　異文化との付き合い方

　どうでしょうか。これはかつてインドにあったサティという風習で、1980年代まで続いていました。

　「私だったら絶対いやだ」という女性の方がほとんどでしょう。妻に先立たれた夫は死ななくていいのか、という疑問もあるでしょうが、ここでは妻だけが死ななければならないそうです。

　しかし、もしもこのとき女性が夫に殉じることに同意していたらどうでしょう。実際インドのお隣のパキスタンでは今日でも、縛られはしないにしても、未亡人は夫が火葬されている火の中に自ら飛び込むことが推奨される地域があるそうです。慣習の社会的圧力には大変なものがありますので、火中に身を投じる未亡人は少なくないそうです。

　この地域はどうやら女性を「過小評価」する文化的伝統があって、インドでは生まれてくる前に中絶されたり（出生前診断で男女の別がわかる）生まれた直後に殺されることが多く、女性の人口が男性の人口よりも3,500万人も少ないそうです（レヴィット＆ダブナー『超ヤバい経済学』東洋経済新報社, 2010年, 5頁より）。

　また、生まれて来て無事成長しても結婚後に夫から受けた暴力で命を落とす（それもしばしば焼き殺される）女性が毎年10万人を下らないと言われています（前掲書, 6頁）。

　この地域に生まれなくてよかったと思う女性の方も多いでしょうけれど、人身御供というのはいろいろな文化圏に結構最近まであった風習です。事実、ほかならぬわが国にも「人柱」という文化がありました。橋や城を築くとき、その礎石のところに籤で選ばれた若い娘を生き埋めにするというものです。

　幸いにして、わが国ではこうした風習はなくなりましたが、これはどうしてなくなったのでしょう。生き埋めにされる女性たちにとってみれば言うまでもなくこれは良かったことになります。

　しかし、ここで一つの伝統文化がなくなったということは、文化よりも人命という価値の方が尊重されたということになります。つまり、それぞ

7

れの地域に固有の文化よりも普遍的な価値が存在するということです。

　人類に共通する普遍的な価値観のひとつは、ここでとりあげた「人権」です。人権概念は中世キリスト教の神概念の代理品として作られたため、もともと宗教性をその中に宿しています。そのため人権を神のようにあがめるヒューマニストなどが登場したりして、いろいろと問題の多い概念なのですが、だからと言って、みなさんも今さら人権の価値がまったく認められないような世界には生まれたくないでしょう。

　いずれにしても、この人権というものが、近代市民社会が成立する過程において獲得されてきた重要な価値観であることは否定できませんし、その力が大きいからこそ、先に述べたような固有の文化を滅ぼすこともできるのです。

　ということは、①あらゆる文化に存在意義を認めようとする文化相対主義の立場と、②この世には普遍的で絶対的な価値が存在するという立場は矛盾することになります。

　さあどうしましょう。

　でも、矛盾するからといって、どちらかの立場に決めて、一方を否定しなければならないと考えるのは、やめておきましょう。そうした考え方では宗教的原理主義と少しも違わないことになってしまいます。

　ここはわが国によく見られる「両論併記」という手法で行くことにします。二つの矛盾・対立する問題をあえてそのままの状態でほうっておいて、現実に対立が起きたときに個別に考えるということにしておくと、現実の対立自体はそうしょっちゅう起こるわけでもなく、そうこうしているうちに解決したような気になってしまうというあの仕方です。

　実際、われわれにはこの種のある意味でいい加減で没論理的なところがあるからこそ、現実生活におけるさまざまな利害や意見の対立の中でどうにかやってこられたのです。問題があるとすれば、そうした問題解決法を正当なものとして私たちの行動の選択肢に入れてこなかったことでしょう。

第1章　異文化との付き合い方

こうした考えを言語化している思想家に内田樹先生がいます。「対立するものを対立したまま両立させる」と内田先生は言います（『私の身体は頭がいい』文春文庫, 2007年, 225頁）。ここでは詳しく触れる余裕がありませんが、気になる人はぜひお読みください。なお、内田先生のこの本にはまた後ほど触れることにします。

＊

ところで先ほどのインドの家庭内暴力、生前選別による中絶といった女性虐待ですが、ケーブルテレビの回線が普及したことで、状況に劇的な改善が見られるようになったそうです。

> 調べてみると、ごく最近ケーブルテレビが見られるようになった女性では、夫に暴力を振るわれても耐え忍ぶべきだと思う人の割合は大幅に減り、自分には男児選好があると認める人の割合も減少し、一方、自分の意志で行動するという人の割合は高まっていた。政府の介入では成し遂げられなかった、女性の社会的地位の向上が、どういうわけかテレビで実現できるみたいだ。
> （レヴィット＆ダブナー『超ヤバい経済学』東洋経済新報社, 2010年, 8−9頁）

詳細は同書をお読みください。ただ、そこでも因果関係は一つに特定できるものではないようですし、ひょっとしたら偶然かもしれません。しかし、事実として虐待が減ったことは確かです。

何よりもそのことが大事ですし、一つの成功事例として頭の片隅に留めておくと、将来何か困難な問題に突き当たったときに、偶然の力をも含む解決のヒントを与えてくれます。

未知の問題に突き当たったときでも、そもそも問題というものに出合った場合には、人は結局のところ手持ちの道具と材料で対応せざるをえませ

ん。しかし、その際に無茶な類推や当てはめをしているように見えて、手持ちの道具と材料がぴたりとはまることがあります。

　われわれの頭が働くのは、材料を目の前にして整然と調えられた道具箱が与えられているときではありません。それよりもむしろ、何でも雑然と入っているガラクタ箱の中から適切な材料とそれに合う道具を引っ張り出してくるようなときにこそ、潜在的能力が全開になるのです（内田樹，前掲書）。

　というわけで、思考のガラクタ箱にこの種の成功事例を入れておくと、いつか何かの役に立つことでしょう。しかし、実はガラクタ箱に入れる時点でわれわれは無意識のうちに選別をおこなっています。本当はその無意識の選別が重要なのです。

　理屈で片付かない問題に対しては、われわれの無意識の力と身体性を動員して臨むしかありません。今後もこうしたアプローチが幾度となく出てくると思いますが、頭だけで理解するのではなく、五感を全開にして体得するよう努めてください。

| 第2章 | 異文化摩擦：事例研究

1 命にかかわる違い

　前章で述べたように、異文化と接するときにはできるだけ寛容になることが望ましいのですが、サティのようなものは受け容れがたいところがあります。これが実際に自分や家族の命にかかわるようなときには寛容どころの話ではないというのが本当のところでしょう。

　そういう異文化と遭遇した極端な例を次に挙げておきます。

　某国に赴任して車を運転していた日本人が、運悪く、自分の車で現地の子どもをはねて死なせてしまいました。現地の法律にのっとってとり行なわれた処罰は、彼と彼の奥さんの目の前で、彼らの子どもが車でひき殺される、というものでした。

（荘司雅彦『13歳からの法学部入門』幻冬舎新書, 2010年, 192–193頁）

　これは本当にあった話です。この日本人は現地では絶対に自分で車を運転しないようにと言われていて、専属の運転手をつけてもらっていました。しかし、その運転手がたまたま不在の時に急用ができて、自分で運転していたときの出来事だったそうです。

　著者によれば、これが法律による刑罰だったのか、地域の慣習だったのか、それとも私刑だったのかは不明だそうで「もしかしたら、刑罰と私刑が厳密に区別されていない国だったのかもしれない」とも述べています。

　ところ変われば法も変わるというわけですが、現地の法観念ではおそらく「子どもを亡くした両親と同じ悲しみを加害者に与える」（同害報復）という意味で、この報復は公平かつ正義であるということになっているの

11

でしょう。

　さて、皆さんがこういう事件に巻き込まれないようにするためにはどうしたらいいでしょうか。また、運悪く巻き込まれてしまったらどうしますか。前後左右の人たち4～5人で話し合ってみてください。

＊

　事例だけを見ると、日本人の両親は処罰が行われるのを受け入れていた感じがしなくもないのですが、日本人なら正々堂々と罪を認めてお裁きを受けるという感覚があってもおかしくないかもしれません。それがこのような想像を超える処罰だったらやりきれませんね。

　かつて旧西ドイツ（ということは1990年以前の話ですが）の外交官の車がバングラデシュで子どもをはねてしまったときには、その場にいた群衆が車を襲って、仕返しに一緒に乗っていた外交官の子どもを引きずり出して殺してしまったそうです（髙山正之『世界は腹黒い』高木書房, 2004年, 74-75頁）。こうなってくるともはや「とにかく逃げる」ということも選択肢に入れておく必要がありそうです。

　いずれにしても、世界にはいたるところにわれわれとはまったく価値観の違う異文化の人びとが住んでいるということを知っておく必要があります。そんな地域に行くだけでも苦労の連続だろうと予想できますが、もともとトラベルの語源は「艱難辛苦」を意味するラテン語だそうですから、いったん赴任するようなことになるとしたら、可能な限り現地の文化についての情報を仕入れ、いざというときの備えをして行くしかないでしょう。

2　感情的葛藤

　異なる文化圏にいったときには、言葉が十分通じないだけでなく、人との接触の仕方の微妙な呼吸が異なると、さまざまな感情的葛藤が生まれてきます。次の例を見てみましょう。

第2章 異文化摩擦：事例研究

《事例1》「アメリカ人はいいかげんで冷たい」のか

　隆志は交換留学生でアメリカの高校に通っている。同級生ともうまくいっているつもりだが、時々彼らがわからなくなる。たとえば、先週の金曜日も「電話をするよ」とベンに言われたので、週末の間ずっと気になり、なるべく家を空けないようにしていたのだが、結局かかってこなかった。とうとう日曜日には自分から電話したところ、「やあ、どうしたの?」と逆にたずねられてしまった。また、トムもバスケットをいっしょにやろうよと言っていたが、この間のゲームでは、日程も場所も知らせてくれなかった。隆志はしだいに「アメリカ人はいいかげんで冷たい」と思い始めている。

（渡辺文夫編著『異文化接触の心理学』川島書店, 1995年, 46頁）

　ここでの隆志君のように「アメリカ人はいいかげんで冷たい」と一般化するのが危険なことは言うまでもありませんが、それならば、こうならないようにするための方法を提案してくれませんか？

　アメリカ留学の経験者に言わせると、こういうことは雰囲気でわかるそうです。そういう「空気」を読む能力は日本人ならかなり得意なはずが、それも国内限定なのかもしれません。アメリカ人のようにはっきりとものを言う人たちの間での微妙な空気は読みそこなうことがありえます。

　そうですね。さしあたり気がついたときに時間や場所を具体的に約束してしまうというのがいいかもしれません。

　ところでこれと同様のことが日本を舞台にした場合にも起こってきます。いわゆる「空約束」というのがそれです。

《事例2》空約束に悩む

　日本での就職が決まったエリザベス。職場が小さな町にあるということがわかって少し不安でした。彼女は大都市出身だからです。しかし、田舎の人のほうが親しみやすく友達をたくさん作れるのではないかとも思い、日本に行けることをとても楽しみにしていました。

　仕事の初日、課長さんと一緒に町の偉い人に挨拶回りをしました。名刺交換と自己紹介をすませて世間話をしていると、「今度は食事をしましょう」とか「今度遊びに来てください」と、みんな親切にエリザベスを誘ってくれました。エリザベスはとても喜びました。

　ところが数日経っても、誰からも誘いの電話がかかってきません。その後、招待の声をかけてくれた人と会ったとき、また「今度おばあさんが夕ご飯を作りますので、家に来てください」と招待されたのですが、前と同じように数日しても何の連絡もきませんでした。何回もこんな挨拶があって、そのうちにエリザベスは日本人を信用しなくなり、ついには町の人たちから少し距離をおくようになってしまいました。仕事以外の時は、家に閉じこもったままです。とうとうエリザベスはホームシックになってしまいました。

　　　（小坂貴志『異文化コミュニケーションのA to Z』研究社, 2007年, 57頁）

　こうなってくると反対に「日本人はいいかげんで冷たい」と言われそうですね。エリザベスさんは「空約束」は日本の（田舎の）挨拶の一つだと事前に知っておけばよかったのでしょうか。しかし、日本人でも迷うような細かいところまで解説された日本文化論があるなら、日本人の私が読みたいくらいです。

　空約束ではありませんが、一種の洗練された文化の所作として、京都で「ぶぶづけでもどうどす？」という表現があります。これは一般に思われているように「とっととお帰りください」という意味とばかりは限らない

そうで、昔の京都の人はこんなふうに教えてくれたそうです。

　　よそのお家をお訪ねするときは、できたら時分どき（食事どき）は外
　した方がええ。もし、話が弾んだり長引いたりしたら、その家の者はお
　食事をお出しするのはあたりまえや。けど、たとえ、素うどん一杯で
　も玄人さんの作ったもんを食べてもらうのがおもてなし。なんぼ料理が
　巧ぅても、素人は素人。お口に合うかどうか分からへんやろ。客になっ
　たら、それをありがたくいただくことも礼儀え。遠慮のし過ぎはあかん。
　そやけど・・・・やっぱり、お人を訪ねるのは時分どきは避けた方がええ。
　よそさんを訪問して「ぶぶづけでも」て言われたら、食事どきになった
　んやなと思て、さりげのう失礼しなさい。それでも、どうでも食べて行っ
　てて、すすめてくれはったら、気持ちよう、よばれたらよろし。その場
　で気ぃを働かせたらええ。

　　　　　（石橋郁子『京のわる口、ほめころし』淡交社, 2004年, 25−26頁）

　というわけで、この気働きがもう文化そのものです。京都以外の人から
すると感心しないではいられません。ついていけないという人もあること
でしょう。でも、洗練のされ方は違いますが、東京の下町も相手の気持ち
を細かく思いやることに長けています。いずれにしても、空約束というの
は一種のリップサービスで、さほど高級なものではないようです。
　あるいは、日本人が外国人との付き合いに慣れていないため、このよう
なある種、粗野なリップサービスをするのでしょうか。
　私の友人のハンガリー人男性はもうかれこれ40年ほど昔、北陸の田舎町
を歩いていて、地元の女子高生数人とすれ違ったとき、そのうちの一人が
外国人を見た驚きのあまり本当に卒倒してしまったと言っていました。そ
こまで驚かれるとは思わなかったし、そのこと自体本当にショックだった
そうです。今では地方都市でもヨーロッパ人を目にすることはまれではな
くなりましたが、40年前の日本ならそんなこともあったのでしょう。

ではもっと昔の開国間もないころの日本だったらどうでしょうか。

スイスの遣日使節団団長として1863年に来日したアンベール Humbert（1819‐1900）は当時の横浜の海岸の住民について次のように述べています。

　　みんな善良な人たちで、私に出会うと親愛の情をこめた挨拶をし、子供たちは真珠色の貝を持ってきてくれ、女たちは、籠の中に山のように入れてある海の不気味な小さい怪物を、どのように料理したらよいか説明するのに一生懸命になる。根が親切と真心は、日本の社会の下層階級全体の特徴である。

　　　　　　　　　　　（渡辺京二『逝きし世の面影』平凡社, 2005年, 80頁）

　また、ブラックは「彼らの無邪気、率直な親切、むきだしだが不快ではない好奇心、自分で楽しんだり、人を楽しませようとする愉快な意志は、われわれを気持ちよくした。一方夫人の美しい作法や陽気さには魅力があった。さらに、通りがかりに休もうとする外国人はほとんど例外なく歓待され『おはよう』という気持ちのよい挨拶を受けた。この挨拶は道で会う人、野良で働く人、あるいは村民からたえず受けるものだった」（前掲書, 84頁）と書いています。すごいでしょう？　私たちの何代か前の祖先がこんなに無邪気で善良で好奇心に満ちた人びとだったなんて信じられますか。

　私たちは自らの過去を鏡にして、この快活さと優しさを取り戻すべきなのかもしれません。

3　法と正義のすれ違い

　この問題については相当異なる点があるため、いろいろとトラブルが生じやすいと思います。まずは次の例を見てください。

第2章　異文化摩擦：事例研究

《事例3》アメリカ人のビジネス・パートナーを信頼しない日本人?

　ある日系企業のニューヨーク事務所では、法的対処に関して、アメリカの法律事務所にアドバイスを受けていた。駐在員の進にとって、弁護士のジョンはとても仕事のやりやすい相手であった。日本語が堪能であるし、また日本駐在の経験があるせいか、日本の習慣などもよく知っている。ところが、先日いくつかの法律問題について質問したところ、同様の質問に二年前に文書で回答してあると言ってきたので、進は少々驚いた。そう言われればそのような気もするが、こちらが聞いたことに答えるのが彼の仕事ではないか。進は、何か裏切られたような気がした。一方、そのころジョンは同僚にこぼしていた。「日本人とは対等の関係が築けない。たとえば先日も、以前に文書で回答したことをまた聞いてくるんだ。彼らはぼくらを法律関連情報係としてしか見ていないのさ」。同僚の一人が応える。「結局、私たちを信頼していないのよ。信頼している相手は、事態に対しあらゆる要素を検討したその結果を求めてくるわ。彼らが求めているのは要素のリスト。やりがいがないわよね」。「しかし、楽といえば楽だよね」と別の一人。「ただし、誠意と責任感のない人間か、能力に自信のない者にとってはだが」

（渡辺文夫編著『異文化接触の心理学』川島書店, 1995年, 50－51頁）

　わが国と欧米とりわけ英米圏では、そもそも法に対する考え方がずいぶん違います。日本ではお上が勝手に決まりを作って下々をいじめるという感覚ですが、欧米では法は国家の横暴から国民を守ってくれるのが法であるという感覚があります。そこでは、法を解釈することも単に機械的に条文に当てはめればいいというものではなく、慣習や社会通念などのさまざまな要素をも考慮しながら、法を創造し、社会に対して新たな価値を提起するという側面を持っています（橋爪大三郎『人間にとって法とは何か』

PHP新書, 2003年, 44頁）。

　したがって、欧米における法律家の社会的地位は高く、アメリカの政治家の半数以上が弁護士出身者だとも言われています。この事例に見るようにプライドの高さも相当のものです。「事態に対しあらゆる要素を検討したその結果」を出せると考えていることからすると、会社の顧問弁護士でも経営に積極的に関わっていこうという姿勢が読み取れます。

　日本だったら経営はあくまで経営者の仕事で、法務担当の社員が処理しきれない場合や本格的に訴訟になった場合に一時的に力を借りるというところが多いと思われます。たとえ「法律担当情報係」だったとしても、それは正当な仕事の範囲の事柄であって、進さんと同様に多くの日本人の会社員はこのことを別段怪訝に思わないという感覚でしょう。むしろ顧問弁護士は会社の社員ではないのでどこかで大事な仕事を任せるわけにはいかないと考えているふしもあります。経営者は困ったときだけ「弁護士を買う」と言うこともあるようです。

　これだけ社会通念が違えば感情的なすれ違いが起こっても仕方ありませんね。ただこの場合、単純に欧米流が正しくて、日本がそれに合わせるべきだと考えるのではなく、あくまで違いを意識することに努めたほうが賢明です。

　これだけ社会的地位が高く、高収入が見込める職種は、堕落の度合いも大変なものです。実際アメリカの弁護士は、救急車のあとを追いかけ（て行って当事者に訴訟を持ちかけ）る人びと"ambulance chaser"などと揶揄されて久しいのですが、実態は相当なものです。

　白人青年がオフロードバイクでコブを飛ぼうとして失敗し、背骨を痛めた。青年は「バイクが空中で失速したからだ」という理由でホンダを訴えた。

　ホンダは「バイクは飛行機ではないから揚力はなく、空中で失速し

ない」と抗弁し、そのことを映像にして陪審員に見せた。

　陪審員の評決は割れて、半数が「ホンダは300万ドルの損害賠償をすべきだ。なぜなら、確かにバイクは失速しないらしいが、ケガをした青年は生涯つらい人生を送ることになる。ホンダは金持ちだからカネを払うべきだ」と主張した。

　結局かろうじてホンダは勝訴したが、その決め手はホンダが示した科学的な無罪根拠のおかげではなく、全身不随のはずの青年が、実は元気に歩き回っていることがわかったためだった。

（高山正之『世界は腹黒い』高木書房, 2004年, 306頁）

　この裁判で原告側につく弁護士は自己嫌悪に陥らないのでしょうか。高いプライドは揺るがないのでしょうか。また、情にほだされた主張をしているとしか思えない陪審員の正義感には、平均的日本人なら違和感を持たないではいられないでしょう。この事例について前後左右の人と話し合ってみてください。

4　アメリカ人弁護士の憂鬱

　次にこれよりももっと露骨に金のために動いているように見える例を挙げておきます。

　東京に本社を置く中堅建材メーカーＴ社は1980年代末にアメリカのサンタモニカに現地支社を作った。それまでの米国での取引の窓口だった米国人を引き抜いて副社長にすえ、社長の身内が支社長になって営業を始めた。副社長は「米国では代理人と契約し、彼らが売り込み先を見つけ、こちらが納品するのがルールです」と言い、自分で見つけてきた代理人と契約した。

19

代理人はよく働いたが、１万ドルぐらいの商談に３万ドルもの経費を使う。それで納品しても納入先がなかなか納金しない。焦げ付くときもあるが、代理人は契約どおり規定の手数料と経費をさっさと持っていって始末をしない。

　現地支社長が代理人を辞めさせようとしても、副社長が代理人と交わした契約には解雇規定がない。裁判になり、代理人が勝って10万ドルの追い銭を取られて、ついでに副社長の知り合いという弁護士も負けたのに同額ぐらいもっていく。その種の訴訟が10年間で24件にものぼった。

　あるときＴ社の技術を見込んで米大手通信企業が特殊ボルト60万ドルを注文してきた。錆止めのメッキは金色に、という条件だった。しかし、商品を納入しても代金を払わない。問い合わせると「メッキの輝きが悪い」とクレームをつけてきた。契約条項に輝きまでは入っていなかったが「わかりました。では返品してください。色調をそろえて再発送します」と返事をした。すると先方は「注文に合わないものだから捨てた」と言う。

　このころＴ社の駐在員は「Ｔ社は食い逃げができるトロい会社」という噂を耳にしている。実際、この米企業が捨てたはずの製品をその後も使っていると言う情報も入っていたが、Ｔ社幹部の方はもう裁判で争う気力もなくしていた。

　この事件を機にＴ社は撤退を決めた。12年間、米国で使った金は裁判費用も含めて十数億円にのぼる。利益は１セントもない。

　しかし、ここまで同社を追い込んだ当の米国人副社長は、この期に及んでもまだ「会社がなくなって得べかりし利益を失った」と訴えているという。

（髙山正之『世界は腹黒い』高木書房, 2004年, 238頁より）

どうでしょう。ここで法廷に立つだけでなく、代理人になったりするのが今日のアメリカの有能な弁護士たちなのです。

しかし、どうやらこの傾向は比較的最近のもののようです。行動経済学者のダン・アリエリーによると、アメリカの弁護士たちは1960年代に行なわれた専門職の規制緩和策により、それまでの厳格な専門職意識が失われ、専門職が基盤としてきた倫理や価値観の基準が消えてしまったと言います。そして、代わりに支配的になったのが柔軟で個人的な判断、商業の原則、富への欲求であったそうです（ダン・アリエリー『予想通りに不合理』早川書房, 2008年, 278頁）。

したがって、心ある弁護士はやはり苦しんでいるようです。アメリカ人といっても鬼でもなければ蛇でもないということがわかるとやはり多少はほっとします。

カリフォルニア州法曹協会が1990年代に行なった研究によると、カリフォルニアの圧倒的多数の弁護士が仕事上の信頼が落ちたことにうんざりし、法律専門職の現状を"非常に悲観的に"とらえていた。また、3分の2が、今日の法律家は"経済的な圧力の結果、専門職意識を危うくしている"と言い、80％近くが、法曹協会は"倫理に反する弁護士に十分な制裁を与えていない"と答えた。そして、半数が人生をやり直せるなら弁護士にはならないと回答した。

メリーランド州司法特別委員会が行なった類似の研究でも、州内の法律家が同じように苦悩していることがわかった。メリーランドの法律家は、自分たちの退廃があまりにひどいため、"いらいらしたり、怒りっぽくなったり、論争的になったり、毒舌をふるったりしやすい"か、"無関心になったり、内向的になったり、放心したり、注意が散漫になったりしやすい"と報告した。

（ダン・アリエリー『予想通りに不合理』早川書房, 2008年, 278頁）

もっとも、法律家以上に彼ら彼女らからひどい目に合った人びとの方が気の毒なことは言うまでもありません。アメリカの法曹倫理が回復するにはまだまだ時間がかかりそうですので、くれぐれも裁判沙汰にならないよう気をつけるべきでしょう。

　わが国でもアメリカ並みに弁護士の数を増やそうとして法科大学院などというものが作られてきましたが、アメリカと同じ轍を踏むようなことになると、ただでさえ最近問題にされている法曹倫理がよりいっそう悪化することが懸念されます。

|第3章| カルチャーショックと逆カルチャーショック

1 カルチャーショック

　私たちが異文化によって強い衝撃を受け、新たな環境にうまく適応できないとき、精神的・身体的に変調をきたすことがあります。本人にあまり自覚がない場合もありますので、たとえば、必要以上に手を洗ったり、周囲の環境の衛生状態や安全性に過度の不安が生じたり、接客係や使用人などと接することが妙に苦痛になったりすると、少し気をつけたほうがいいといわれます。さらに、騙されたり傷つけられたり盗まれたりすることへの過度の不安が生じ、些細な事柄に発作的に怒り始めるかと思えば、長期滞在の同国人に対して強い依存感情が起こったりという兆候が現れると、次のステージに入っているのかもしれません。

　もちろん、こういうことは個人差もあり、また外国へ行かなくても、日本国内でも新たな環境に移るとこういうことが起こりえます。ただ、次のような例は明らかに病状が悪化してしまっています。

《事例1》日本人移住者主婦・65歳・カナダ生活45年

　一年前に長年そりの悪かった姑を亡くした。当初は解放感があったが、四十九日を過ぎても、日系二世の夫は「墓地が遠い」との理由で納骨しようとしない。カナダ人的な夫と子どもたちは四十九日の意味を理解しない。徐々に自分は姑に悪いことをしているという思いが深まり、何か祟りがあるのではと心配になってくる。ふさぎ込むようになり、不眠、食欲不振が嵩じてくる。「納骨」へのこだわりが強くなり、支離滅裂な状態となり大学病院精神科へ入院となる。診察したカナダ人の医者は、子どもたちを通訳とした（本人はほとんど英語が話せな

いので）診察から、「骨」への強いこだわりをもつ「妄想状態」と診断する。

（渡辺文夫『異文化接触の心理学』川島書店, 1995年, 175頁）

　こうして死生観が絡んでくると話が厄介です。海外に暮らす日系人も二世あたりから現地の学校で初等教育を受けるようになると、日本の文化からどんどん遠ざかり始めます。家族で親戚の法事に行くというような経験もなければ、日本の伝統的儀式や年中行事などはあっという間に失われてしまいます。ましてや子どもたちは三世です。日本語も忘れ始める可能性があります。

　さて、四十九日というのは仏教で死者が仏の住む常住の世界へと旅立つ区切りの儀式で、それまではまだこの世にとどまり続けているということになっています。いくらそりの悪かった姑とはいえ、いつまでも成仏しないでこの世をうろうろしていると思えば気の毒にもなるわけです。祟りだってあるかもしれません。本人の身になってみれば、確かに怖いですね。

　ところで皆さんは人が亡くなったらどうなると思いますか。死んだらゴミになり何もなくなりますか。それとも何か魂のようなものは残ると思いますか。実際大学の教室でアンケートなんかとってみますと、ほとんどの人が何かわからないけれども霊魂のようなものが残ると答えてくれます。

　一般に日本人の宗教意識はあいまいで、自分の宗教のことは「無宗教」だと答える人が多いのですが、霊魂のことを信じる無宗教って何なのでしょう。無宗教については拙著『人と人びと』（いしずえ, 2003年）の第1章にも書きましたので、参照しておいてください。そこでも述べたことですが、要するに日本人は「無宗教」という宗教を無意識的に信仰しているのです。そして、この無宗教は決して仏教でもなければ、教派神道でもありません。キリスト教のことはクリスマスとバレンタインデーという行事以外は大嫌いという特徴さえ持っています。

第3章　カルチャーショックと逆カルチャーショック

このわが国独特の宗教意識は、かつて山本七平が「日本教」や「空気」と呼んだり、哲学者の坂田徳男が「神道公理」（『近代と現代』東京教学社,1975年）と呼んだりしていたものですが、最近の本として出色の宗教論が、ひろさちや著『やまと教』（新潮選書, 2008年）です。

ひろさちや氏は仏教の研究者で、長らく日本の宗教のことも研究されてきたのですが、本書の中で、残念ながら日本の伝統的宗教は仏教ではないという結論に達したと言います。ひろ氏のいう「やまと教」とは民衆神道のことで、その発生は縄文時代にさかのぼります。

やまと教では人は死んだら荒ぶるホトケ（荒御霊：あらみたま）となり家で祀られ、次に穏やかなカミ（和御霊：にぎみたま）となり鎮守の杜に祀られ、最後に神になります。詳細は同書を参照してください（127 - 129頁）。いずれにしても、日本人の感覚に一番しっくり来る宗教だと思います。

そして、ホトケからカミになるのに2年くらいかかるとのことで、それが江戸時代の宗教政策によりお寺が葬送儀礼を代行するようになり、仏教の三回忌がちょうどここにあてはまったわけです。この寺請制度によりお寺は市役所の戸籍課と葬儀ビジネスを兼ねた機関となります。葬儀や法事はビジネスですから採算を取るために戒名代を取ったり、法事を何度も行なったりするようになりましたが、それと引き換えに自身の宗教性を失ってしまいました。

浄土真宗なんかはかつて信長を散々苦しめたほどの勢力でしたが、この江戸時代の政策によって完全に骨抜きにされてしまいます。真宗の宗教性については後ほど触れることにします。

2　結婚とDV

結婚は異文化コミュニケーションの実践です。日本人同士でも見知らぬ男女が出会って生活をともにし始めると、それぞれの育ってきた文化的背景の違いが必ず浮き彫りになります。その違いを面白いと思えるうちはいいのですが、嫌悪感を抱くようになると最悪の事態を招くかもしれません。

25

ましてや、これが国際結婚ということになると、面白さが倍増ということもあれば、そうでない場合も相当たいへんなのだろうと思われます。次の例を見てみましょう。

《事例2》国際結婚の妻・28歳・日本人
　大恋愛の上カナダ人と結婚しカナダに暮らす。当初は夫の愛の言葉が快かったが、朝な夕なに言葉による愛情表現を要求する夫の態度に嫌気がさしてくる。職場にも一日二回は電話してくる。自分としては話すことはない。家でも黙っていると「どこか悪いの?」という。何でも言葉にしないと理解せず、自分の心を慮らない夫が、デリカシーがなく思えて、時に夫に暴力を振るうようになっている。
（渡辺文夫『異文化接触の心理学』川島書店, 1995年, 177頁）

　歌手の千昌夫はかつてグレン・ミラー楽団のアメリカ人歌手と結婚していましたが、毎日"I love you."とことあるたびに言わなければならないとインタビューで話していました。
　いずれにしても男女間の愛情表現にも文化の違いが出てくるので、そのような事態に至ったら、各自個別に対応してください。通信教育部のスクーリングではこれまでも国際結婚している方は珍しくありませんでした。珍しいところでは、配偶者がイスラム圏の人なので、結婚を機に自分もイスラム教徒になったという日本人女性もありました。
　さて、この事例の場合は家庭内暴力も問題ですが、まだ、男性から女性へのそれではないだけましなのかもしれません。というのも、アメリカの「全米女性虐待委員会」の報告によると、夫が妻を暴力沙汰で病院送りにしたケースが年間400万件もあり、それで殺された妻が年間3,600人に上るからです。さらに、「あまりの夫の絶え間ない暴力に、妻が殺される一歩手前で反撃に出て逆に夫を殺すケースが年間500件にもなる」（髙山正之『変

見自在スーチー女史は善人か』新潮社, 2008年, 135頁）そうです。

　なお、かつては妻が夫を殺した場合は、刑期は夫の妻殺しよりもはるか に長く、平均して15年前後となっていましたが、1990年代に、虐待を受け ていた妻による夫殺しは心神耗弱により責任が阻却されるという主張が全 米各州で法制化され、夫殺しの無罪や減刑評決が確立しました。

　こうした差別意識は、聖書の創世記に、神が男のあばら骨の一部から女 を造ったという記述に基づくようです。これが女は男の半人前で弱く劣っ たものだという考えの根拠になります。そのため欧米では伝統的に夫が妻 に家計を任せることはなく、お金を持たせません。また、妻が何か粗相を しでかすと、犬猫と同じように叩いたり鞭で打ったりして調教しますが、 これは傍から見れば明らかに家庭内暴力です。

　結婚しても家庭では半人前で家計は任されず、叩いて調教され、揚句の 果てに殺されるかもしれないとしたら、結婚相手を選ぶのにも慎重になら ざるをえません。そのため、アメリカの白人女性の平均的結婚観では、結 婚相手には「丸太のような太い腕をしたマッチョ」ではなくユダヤ系男性 が人気なのだそうです。

　というのも、ユダヤ系にはマッチョが少なくて、ユダヤ教の教義ではあ まり酒は飲まないことになっているうえ、高学歴で弁護士や医師が多く、 高収入が見込めること、さらには生まれてくる子どもにイスラム教と違っ て宗教選択の自由があること（16歳になったときに本人がユダヤ教かキリ スト教かを選択できる）がその理由です（髙山正之, 前掲書, 134－135頁）。

　なるほどダスティン・ホフマンのようなタイプならマッチョとは正反対 で優しそうですし、暴力沙汰になっても勝てるかもしれません。少なくと も殴り殺されなくてすみそうです。

3　子ども嫌いの文化

　家庭内暴力で被害に遭うのは妻ばかりではありません。子どもが次の ターゲットになる例は世界中にあります。ただ、このとき「子ども」とい

う存在に対する見方が文化的にずいぶん異なることを知っておいたほうが
いいと思います。

　序章でも触れた内田樹『街場のアメリカ論』（NTT出版, 2005年）で教
えられたことですが、旧約聖書においてアブラハムが息子のイサクを生け
贄に捧げようとするシーンで、アブラハムは一切悩んだりためらったりし
ていないという事実があります。創世記には「アブラハムが『悩んだ』と
か『ためらった』とかいう記述がありません」（前掲書, 145頁）。そうなん
です。この書かれていない点に気がつくのが内田先生のすごいところです。

　確かに神の命令を受けたアブラハムは実に淡々と、翌朝も早くから息子
を連れてモリヤの山の一つに登っていきます。途中イサクから「火と薪は
ここにありますが、焼き尽くす捧げものにする小羊はどこにいるのですか」
と問われて、「きっと神が備えてくださる」と答えます。そして、目的地
に着くとアブラハムは「そこに祭壇を築き、薪を並べ、息子イサクを縛っ
て祭壇の薪の上に載せた。そしてアブラハムは、手を伸ばして刃物を取り、
息子を屠ろうとした」（創世記22・9－10）

　すごいですね。確かに何のためらいも記されていません。「神を畏れる者」
としての振る舞いは徹底して事務的であるようにも見えます。

　ここはハリウッド映画『天地創造』では、頭を抱えて苦悩する父として
のアブラハムの演技を見ることができましたが、これはあくまで演出です。
さすがに淡々と聖書の記述通りには演出できなかったのでしょう。しかし、
それでもこのシーンに違和感を持つ人は多かったと思います。「いくら神
様に命じられたからといってわが子を生け贄に差し出すなんて」というの
が日本人に共通する感想だと思います。

　さらに内田先生は旧約聖書のどこにも「子どもに対する親の愛と保護」
についての戒律が存在しないことも指摘されています。この文化を引き継
いだヨーロッパは、基本的に「子ども嫌い」の文化だと言っていいと思い
ます。あるいは古代ローマの兵士が出征先から妻に宛てた手紙に「男の子
が生まれたら大切に育てなさい。でも女の子が生まれたら家の前にでも捨

ておきなさい」という記述が見出されるそうです。（なお、この情報は
ラジオの教養講座でたまたま耳にしたものなので、出典がわかりません。
ご存知の方はご教示ください。）

　E. バダンテールの『母性という神話』（筑摩叢書, 1991年）に書かれてい
る18世紀末のパリのブルジョワ家庭の子育て事情によると「首都パリでは、
一年間に生まれる２万1,000人（総人口は80万から90万人である）の子ども
のうち、母親に育てられるものは1,000人にみたず、住み込みの乳母に育て
られるものは1,000人である。他の１万9,000人は里子に出される」そうで
す（内田樹, 前掲書, 147頁より）。この階級の女性たちは子育て以外にする
ことがたくさんあると公言してはばからなかったそうですから、本の題名
通り、確かに母性は神話みたいなものかもしれません。

　実際この地域の文化には、内田先生がおっしゃるように「子供は無垢で
愛すべき存在である」とみなす心性の伝統そのものが存在しなかった（前
掲書, 145頁）のでしょう。それがさらに清教徒によって建国されたアメリ
カになると、キリスト教の原罪思想が再確認されるため、子どもは生まれ
ながらに純真無垢であるなどという観念は払拭されてしまいます。子ども
を殴って肉体から悪魔を追い払うのは親や教師の義務であり、教育の王道
と考えられていたわけです。

　1960年代になってようやく児童虐待が社会問題化され始め、今日では毎
年300万件の児童虐待の通報がなされるようになりましたが、それでも1,000
人前後の子どもたちが親からの虐待によって殺されています。

　そういえばと思い当たる人もいらっしゃると思いますが、欧米で美術館
めぐりをしていて、絵画や彫刻作品の中に可愛いらしい子どもを見かける
ことがほとんどないでしょう。また、世界史の教科書に、10歳にならない
くらいの子どもが炭鉱で腰に紐をつけて狭いトンネルの中で石炭の入った
トロッコを引かされている絵があったのを覚えている人もいるでしょう。
これは産業革命のころですから、思えば本当に最近のことなのです。した
がって、児童保護法のような一連の法が制定されるのは、さらにそれより

も後のことになります。

　幕末の日本を訪れたオールコックは次のように述べています。

　　いたるところで、半身または全身はだかの子供の群れが、つまらぬこ
　とでわいわい騒いでいるのに出くわす。それに、ほとんどの女は、少な
　くともひとりの子供を胸に、そして往々にしてもうひとりの子供を背中
　につれている。この人種が多産系であることは確実であって、まさしく
　ここは子供の楽園だ。

　　　　　　　　　　　　　（『大君の都』（上巻）岩波文庫, 1962年, 152頁）。

この表現を受けて、モースは言います。

　　私は日本が子供の天国であることをくりかえさざるを得ない。世界中
　で日本ほど、子供が親切に取り扱われ、そして子供のために深い注意が
　払われる国はない。ニコニコしている所から判断すると、子供達は朝か
　ら晩まで幸福であるらしい。

　　　　　　　　　（引用は渡辺京二『逝きし日の面影』平凡社, 2005年, 390頁）

イザベラ・バードは明治11年の日光での見聞について

　　私はこれほど自分の子どもに喜びをおぼえる人びとを見たことがな
　い。子どもを抱いたり背負ったり、歩くときは手を取り、子どもの遊戯
　を見つめたりそれに加わったり、たえず新しい玩具をくれてやり、野遊
　びや祭りに連れて行き、子どもがいないとしんから満足することがない。

　　　　　　　　　　　　　　　　　　　　（渡辺京二, 前掲書, 同頁）

と述べています。

　彼我の違いは相当のものです。まずはそのことを心得ておく必要があり

30

ます。しかし、最近は欧米人もわが国のアニメを通じて可愛さという価値観に目覚めてきているかもしれません。秋葉原にはるばる欧米からやってくるアニメファンの間では「カワイイ」は共通語になっています。今後の事態の推移を見守りたいと思います。

4　逆カルチャーショック

日本人も海外での生活経験がある人が増えてきて、ここで問題になるのが「逆カルチャーショック」と言われる現象です。「私の知っている日本はこうではなかったのに」というショックです。場合によっては異文化に最初から溶け込もうと努力するような心構えがないため、本来生まれ育ったはずの祖国から裏切られたような、あるいは不意打ちを食らったような気がするのがこれです。次の例を考えてみましょう。

【純君のアイデンティティークライシス】

純君は両親の仕事の都合で、3歳のときにオーストラリアに渡った。9歳までそこで過ごした後、いったん日本に戻ったものの、また12歳で今度はカナダのトロントに住むことになった。英語力に問題もなく、友達も多く、また勉強もよくできた純君のカナダでの生活はきわめて快適なものだった。そんな純君だったが、カナダでの時間が過ぎるにつれ、自分の「日本人」としてのアイデンティティに悩むようになった。「僕は十分な日本人なのだろうか」「他の人は僕のことを日本人だと思うのだろうか。それとも、何か半分ずつ入ったような不完全な人だと思うのだろうか」。純君は自問自答を繰り返した。

そんな悩みを吹き飛ばすかのように、純君は日本語学習に取り組んだ。娯楽のために読む本は日本語と決め、極力日本語でものを考えるようにと励んだ。つまり、純君にとって「日本人であるため」に最も大切なことは日本語能力の維持だったのだ。こんなに努力をして、日

本語力の維持に努めた純君にとって最大の屈辱は、日本人の友達の親などから「カナダに7年もいるのに、日本語が上手ね」などと言われることだった。「僕は日本人なのに、どうしてそんなこと言われないといけないんだ。まるで、みんな僕の日本語が下手に違いないって決めてかかっているようで本当に頭にくる」と周囲の無理解に憤りを隠せない純君だった。

　そんな純君の高校生活も終わりを迎えた。カナダの大学への進学もできたが、「自分が日本人であるということを確信したい」と強く思った純君は迷わず日本の大学への進学の道を選んだ。しかし、日本に戻った純君を待っていたのは思いもよらない彼自身の「反応」であった。満喫するはずだった「日本」なのに、純君のすべては日本を拒絶した。「湿度が高くて耐えられない」「何でも狭くて小さい」「みんなが黒髪で変だ」など、日本と日本人のすべてが嫌に思えた。1週間も経たないうちに彼は、「自分が日本人だと感じられない」と言い出した。この頃、彼は自分の日記にこう記している。「僕の日本人への態度は否定的で、ときに敵意さえ感じるほどだ。カナダにいたときには日本人であることを誇りに思っていたのに、今度は自分が帰国生であるということを言い訳に、日本人を下に見ている。カナダにいたとき、カナダ人は偏狭だと思ったけど、日本人も同じだ。……カナダにいたとき、自分は日本人だと思っていたのに、日本に帰ってきたら、自分が日本人だと思えなくなった。カルチャーショックにかかるなんて、思ってもいなかったけど、日本に慣れるのは本当に大変そうだ」。

　そんな逆カルチャーショックに陥った純君にとって大切なことは、「普通の人」ではない「帰国生」としての特別なアイデンティティを維持することとなり、今度は英語力の維持が彼にとっての課題となった。そんな彼は、海外生活を体験していないにもかかわらず、高い英語力のある人に出会っただけで、まるで自分の価値が下がったような

気さえしたという。また、大学生活そのもののあり方も彼には大きな
カルチャーショックとなった。カナダで育った彼にとっては、大学こ
そ真剣に知の世界に到達する学びの場であるという期待感があった
が、まわりの日本人学生は楽しむために大学に来ているようにしかみ
えなかった。授業では後ろの席から埋まっていき、いつも前が空いて
いる。ふと気づくと一所懸命ノートをとっているのは純君一人だった
こともあるという。「日本の大学は学生を教育しているふりをしてい
るだけだ」といらいらを隠せない純君だった。

　こんな彼にとって唯一の心のよりどころとなったのが同じ境遇の帰
国生仲間だった。彼らの中には、帰国生以外の友人も作ってうまくやっ
ている者もいたが、純君は帰国生としか付き合わないようにした。「普
通の日本人」との付き合いがないことは少し気にはなったが、あまり
にも共通点がなさすぎて付き合う気にならなかったという。「帰国生
は、自分たちを純粋な日本人とは思っていないんだ。でも、外国人で
もない。つまりどこに自分たちが属しているのかよくわからないんだ」
と、自分のアイデンティティについて悩み続ける純君だった。

（久米昭元・長谷川典子『ケースで学ぶ異文化コミュニケーション』

有斐閣, 2007年）

[問題]

　純君の問題点はどこにありますか。また、純君に友人として何か助言を
するとしたら、どんなことを言いますか。前後左右の人びとで話し合って
みてください。

【参考文献】

イザベラ・バード著、時岡敬子（訳）『イザベラ・バードの日本紀行』（上）（下）、
　講談社学術文庫、2008年

|第4章|比較文化論からみたジャズ|

1　異文化接触と料理

　異文化同士が出合ったとき、一方が他方を滅ぼしたり吸収してしまったりすることについてはすでにたくさん述べてきました。しかし、異文化をお互いが面白いと感じる位置にいた場合には、異文化接触から新たな文化が生まれることもあります。その最も分かりやすい例の一つは料理でしょう。

　料理はその食材から調理法まで文化そのものです。当然われわれの味覚も文化によって育まれてきたものです。ただし、世界中の人びとから憧れを持って食べられる料理というものもあり、これはその国の国力が盛んなこと（あるいはかつて盛んだったこと）に由来します。中華料理しかり、フランス料理しかり。日本料理も1980年代には世界中で人気になりました。第二次世界大戦後とりわけ世界で好まれてきたのは、料理というべきかどうかはともかく、ハンバーガーとコーラでしょう。これは言うまでもなく、アメリカの国力を表しています。

　ところでこのハンバーガーですが、もともとは蒙古（タタール）のヨーロッパ侵入がもたらしたタタール・ステーキに端を発します。今でもポーランドのタタール・ステーキは牛の生挽き肉に卵の黄身を落としてかき混ぜて、パンに乗せて食べます。これに火を通したのがドイツ人で、ドイツ人はこの火を通した挽き肉のステーキを"Deutches Beafsteak"と呼んでいますが、ドイツ以外ではHamburgの街の名をとってハンブルガー・ステーキと呼ばれるようになりました。ハンブルクにとっては名誉か迷惑かは分かりませんが、この名前が世界中に広がったわけです。

　1989年にベルリンの壁が壊れて、その後ソ連邦も崩壊することになりますが、ちょうどそのころマクドナルドのモスクワ1号店が開店しました。

ロシア人もついに憧れのアメリカのハンバーガーを口にすることができる
ようになりました。昔はタタール人に最初に苦しめられた人たちでしたが、
そのタタール・ステーキは形を変えてついに世界を一周してきたわけです。

2　音楽の新ジャンル

　世界広しといえども、音楽をもたない文化というのは存在しないのでは
ないでしょうか。音楽もまた食文化と同じようにその土地に固有の特徴を
そなえています。また、ハンバーガーではありませんが、世界中の若者が
今日ではロックやポピュラー音楽を楽しむようになっています。

　世界各地には固有の文化を反映した無数の民族音楽があります。その一
方で、西洋起源の古典音楽は独自の世界を形作り、発展してきました。音
楽といえばクラシック音楽という、まるで音楽の王道のような顔をしてい
るようにも見えます。

　もっとも、そのクラシック音楽より世界中ではるかに多くの人びとから
愛されているのはロックに代表される大衆音楽でしょう。そして、そのロッ
クの原点に当たるのがジャズです。ジャズは黒人の民族音階とリズム、そ
して西洋音楽の和声、特に賛美歌の形式が融合してできた新たな音楽です。
いわば異文化同士が出合って生まれた新しい芸術なのです。

　ただし、この異文化接触はずいぶんと陰惨な歴史の偶然の結果でもあり
ます。アメリカの白人の中にはジャズは黒人のものだから認めないという
人が今でもいますが、そんな白人たちの祖先がカリブ海の島々とアメリカ
大陸で2,000万人以上の原住民を殺戮した後、アフリカから奴隷として買い
入れてきたのが黒人たちでした。

　その黒人たちが週末に教会に集い自然に歌い踊り始めたのがジャズの起
源だという説明がしばしばなされます。この時間の最初に見てもらうアメ
リカで作られたDVD「ジャズの歴史」でもこういう通り一遍の説明がな
されています。しかし、ここですっぽりと抜け落ちているのは、西洋音楽
をその楽器とともに演奏していたのは誰だったのかという点です。

当時の白人は黒人と音楽で競演することは許されていませんでした。ジャズ発祥の地とされるニューオリンズでも事情は変わりません。ただし、ニューオリンズには同じ黒人でも父親が白人の混血児たちがクリオールと呼ばれて、奴隷解放の時期まで特権的な階級を形成していたのです。彼らがジャズ誕生に西洋音楽の担い手として大きな役割を果たしていたのでした。

　このことをはっきりと書くのはアメリカ人にはためらわれるようです。というのも、それは欧米の植民地政策のえげつなさを世に知らしめることになるからです。植民地先の女奴隷に生ませた子どもに特権を与えて現地の支配に当たらせるというのは、今でもポルトガルが東チモールでやっていることだったりするわけです(髙山正之『世界は腹黒い』高木書房, 2004年, 339-340頁, 同『変見自在サダム・フセインは偉かった』新潮社, 2007年, 199-200頁)。

　以下、このあたりの事情を余すところなく伝えている油井正一の名著『増訂ジャズの歴史』(東京創元社, 1979年) および『ジャズの歴史物語』(スイングジャーナル社, 1972年, 新版はアルテスパブリッシング, 2009年) に即して述べていきます。

3　ニューオリンズ前史

　この地方は、最初はスペイン人が占拠しましたが、17世紀後半にフランス人の手に渡り1718年に開拓されました。1722年には500人の人口と100軒の家が立つばかりの漁村。当時フランス政府は広域にわたる植民地をルイ14世の名にちなんでルイジアナと名付け、この町をフランスのオルレアンにちなんで新オルレアン La Nouvelle Orleans と命名します。

　ここから先は年表形式で。

1763年、7年戦争後のパリ講和条約で、イギリスはフランスが支配していたミシシッピ川の東側全部を植民地として獲得した。だが、実はそ

第4章　比較文化論からみたジャズ

アメリカ合衆国本土の主な都市　〔出典：樹商事㈱　http://www.sekaichizu.jp/〕

の前年、ルイ15世はニューオリンズを含むルイジアナ全土をスペインのチャールズ3世に与える秘密協定を結んでいた。

1764年になって、フランスは初めてこの事実を公表し、スペインから統治者が来たら明け渡すように知事に通告。こうしてニューオリンズはスペインの統治下に入る。

1783年、アメリカ独立

1795年、マドリード条約によりスペインはアメリカに港を開放。これ以降、ニューオリンズは貿易港となる。

1802年、秘密条約によりスペインがルイジアナをフランスに返還。ナポレオンはこの地に植民地帝国の建設をもくろむが、黒人独裁者ルーヴェルチュールの抵抗に遭い、計画を断念。

1803年、ニューオリンズを含むルイジアナを第3代合衆国大統領ジェファーソンがナポレオンから1,500万ドルで買い入れる。

1805年、ニューオリンズは市政に切り替わる。当時の人口はわずか1万人程度。その後5年間で人口は倍増するが、その大部分はキューバ、

37

サント・ドミンゴその他西インド諸島から渡来したクリオール（白人と黒人の混血）だった。

4　ニューオリンズという町

ニューオリンズの街並みは

1）フランスの影響：ルイ14世時代の宮廷建築とルネッサンス様式の折衷

2）アメリカの影響：ギリシア様式のリバイバルと連邦様式の折衷

3）ミシシッピ沿岸様式

という、様々な影響が建築はもとより、服装、習慣、料理しゃべり方といったすべての点において微妙に入り交じったものとなっていました。人種もフランス人、イギリス人、スペイン人、クリオール人が、それぞれフランス語、スペイン語、英語、クリオール語（フランス語の方言）を使用していました。

1880年から20世紀の初めにかけて、ニューオリンズで演奏されていた音楽も「世界の縮図」をそのまま反映したものでした。ニューオリンズの舞踏会で演奏されたのはマズルカやポルカ、ワルツの類で、黒人的なビート感を巧みに加味したラグタイムピアノも弾かれました。（DVDに出てくるスコット・ジョプリンもこのころ活躍しますが、当時はあまり重要な作曲家とはみなされていませんでした。むしろ1973年に映画の「スティング」でよく知られるようになりました。）

町中ではブラスバンドがマーチを響かせ、煙突掃除やイチゴ売りの声に混じって世界各国語で歌われる民謡が聞かれました。黒人の労働歌、教会歌、カリプソなどが、音楽的記憶として後にジャズを作り出したミュージシャンたちの頭の中に刻み込まれていたと言えるでしょう。このあたりは確かにDVDのイメージ映像のような感じだったかもしれません。

ジャズは20世紀の初め頃、こうしたニューオリンズの黒人ブラスバンドから起こりました。

5　ニューオリンズのクリオール

　クリオールとは白人（主にフランス人、スペイン人）と黒人の混血で、正確には"Creoles of Color"といいます。昔のニューオリンズにおいては、クリオールは「白人」とみなされ、黒人たちを優越感に満ちて見下していました。これはルイジアナ地方にのみ見られた現象で、フランスの支配期間が長かったニューオリンズにクリオールが多く生まれ、一般黒人と違った階級を形成していたという事実が、ジャズという音楽を生むのに大きく役立つことになります。

　ルイジアナでは、フランス人またはスペイン人を祖先に持っていることを証明できる黒人は皆、白人としての身分を保障されました。このため1803年ルイジアナをアメリカに売り渡したナポレオンは「この制度は今後も継続されるべし」という一項を付したといいます。

　1850年頃、クリオールの繁栄は絶頂に達し、子弟をフランスに留学させ、中にはそのままフランスに住みついてしまう者も少なくありませんでした。日常用語はフランス語。一種のエリート階級で、子どもたちにはヴァイオリンやピアノを習わせて、みっちりと音楽教育をほどこす商人などの金持ちが多く、金を出し合っては100人編成のオーケストラまで養成したといわれます。最も成功に乗り遅れたクリオール人でも中産階級以上の生活を送っていました。

　ところが、南北戦争後の奴隷解放令により皮肉にもクリオールの没落が始まります。

　白人か黒人かというと黒人に分類されることになったクリオールは、次々とその仕事を白人の手に奪い返されることになります。白人社会から締め出されたクリオールは不承不承、元は自分たちが差別していた黒人奴隷たちの間に働きに出ていかねばならなくなりました。そうした事情から背に腹代えられずミュージシャンに「身を落とす」クリオールも少なくなかったのです。

6 ジャズ誕生の現実の姿

「ジャズとは、アメリカにおいて黒人とヨーロッパ音楽の出会いから生まれた芸術である」（ヨアヒム・ベーレント）という定義がありますが、このとき、ヨーロッパ音楽は白人がもたらしたわけではありません。人種差別が厳重になったニューオリンズでは黒人と白人が共演できる機会はほとんどなかったからです。

そしてこのときヨーロッパ音楽の教養を深く身につけたクリオールが実際の媒介役を果たしたのでした。

7 ストーリーヴィル

ストーリーヴィルとはニューオリンズのど真ん中にあった遊郭で、その周辺地区のダンスホールやキャバレーでジャズが演奏されていました。

ところが、1917年にアメリカが第1次世界大戦に参戦すると、ニューオリンズは軍港となり、すべての兵士がこの港から出征していきました。海軍長官はこのときストーリーヴィルの閉鎖を命じ、1917年11月この豪華な遊郭の歴史は幕を閉じてしまいます。

むしろ軍港だからこそこういう施設は必要だったのではないかと愚考してみたりもしますが、そのあたりの融通の利かない潔癖性が、ある意味アメリカ的な気もします。そういう人びとだからこそ禁酒法などというまるでギャング組織の拡大のためにあるような法律を後に制定してしまうことになるのでしょう。

8 ニューオリンズからシカゴあるいはカンザス・シティーへ

いずれにしても食い扶持を失ったニューオリンズのミュージシャンたちの中でもニューオリンズからは腕に覚えのあるミュージシャンたちはシカゴなどの北部工業都市へと移動します。ちなみに1910年から20年にかけて南部から北部に移動した人口は白人500万人、黒人350万人にのぼるそうです。

第4章　比較文化論からみたジャズ

　ちょうどその1920年からアメリカでは禁酒法が発効し、人びとはまった
く酒を飲まなくなったどころか、酒の密売、密輸を手がける「夜の大統領」
アル・カポネを生み出すことになりました。カポネは同業者や邪魔者を殺
害し、政治家を買収し、政府の役人や警察幹部も味方につけ、組織的な酒
の製造販売を一手に引き受け、巨万の富を得ることに成功しました。

　カポネは酒の密造販売以外にも、賭場や曖昧屋やダンスホールの経営も
手がけていました。そのため、ニューオリンズを追い立てられたジャズ・
ミュージシャンたちは、シカゴのあらゆる場所で職を得ることができたの
です。

　またこの時期にミズーリ州の政治の黒幕だったトム・ペンダーガストが
ナイトクラブ経営に政治力と資金をつぎ込んだため、カンザス・シティー
にもジャズ・ミュージシャンが大勢集まるようになります。ここから生ま
れた独特のスイングオーケストラが、カウント・ベイシー楽団です。

　1933年に禁酒法が解除され、1938年にペンダーガストが脱税容疑で逮捕
されてからは、カンザス・シティーは火が消えたようになり、ミュージシャ
ンたちは東部のニューヨークへと移動して行きました。

　このころからジャズという音楽が世界の知識人の一部で認められるよう
になり、その評価がアメリカに逆輸入されることで、アメリカ人たちもジャ
ズのすばらしさを発見することができるようになりました。これより後、
もはやかつてのようにストーリーヴィルのマダムやギャング王や汚職政治
家のようなスポンサーが付かなくてもミュージシャンたちは何とかやって
いけるようになりました。

9　ジャズのスタイルの変遷

　現在残っている音源で初期のジャズのスタイルを偲ぶことができるの
は、ブギウギピアノです。カウカウ・ダヴェンポートの演奏などが残って
いますが、その特徴は、打楽器的奏法とブルース形式です。1小節8拍の
ブルース・ピアノです。これは4ビートですが、シカゴで生まれたシャッ

41

フルリズムなどを経て８ビートのロックンロールへと展開する原型でもあります。

　ニューヨークでは盛んだったラグタイムピアノを基礎に低音部を左手が大股で行進しているようなストライド・スタイルが生まれました。ブギウギピアノのような独学の素人ではなく、プロフェッショナルな演奏の職人芸を聴かせてくれます。ここではファッツ・ウォーラーの名演奏を聴いてもらうといいと思います。

　ジャズは三つの和音で12小節からなる賛美歌に由来する形式に、アフリカの民族音階が乗ったものとして説明すると分かりやすいかもしれません。ハ長調でドレミファソラシドの音を歌わせても、民族音階によってしか音程を取れなかったアフリカ黒人たちは、ドレミ♭ファソラシ♭ド、とミやシの音が下がってしまうのでした。不安定な属７度の短調です。しかし、こうして明るい和音に物悲しいメロディーが乗ると、人間の複雑な心の内を表現できるようになります。

　もう一つは「あとノリ」と呼ばれるリズムです。４分の４拍子で２と４のところにアクセントが来ます。４ビートというのがこれです。この特徴は早くもブギウギピアノのころからはっきりしています。

　さて、ジャズのもう一つの大きな特徴が即興演奏（アド・リブ演奏）です。即興はもともとクラシック音楽にもあって、中世の古楽では盛んに演奏されていたようですし、ベートーベンはピアノの即興演奏の名手だったという話が残っていますが、いつのまにかクラシック音楽の世界からは消えてしまいました。

　この点、アフリカ音楽も古くから即興音楽の伝統があったようです。今日でも即興演奏を残しているフラメンコ・ギターは、もともとサラセン帝国によるイベリア半島の征服の時代にもたらされたものですが、そのとき演奏していたのはアラブ人ではなくてアフリカの音楽奴隷だったそうです。どこでも奴隷になって気の毒ですが、彼らの音楽がアメリカではジャズとして展開してきたわけです。

42

第4章　比較文化論からみたジャズ

　そのジャズの即興演奏で画期的なスタイルを生み出したのがルイス・アームストロングです。曲のメロディを少し変えたりするのをフェイクといいますが、アームストロングは即興でまったく違うメロディを、それも美しい素敵なメロディを作り出しました。その場で作曲しているようなものです。

　当時のミュージシャンはアームストロングのレコードを競って模倣し、その技法を体得しようとしました。面白いことに、人間はそれまで誰もが夢にも思わなかったようなことを誰か一人がやってしまうと、みんながそ

【何度聴いても飽きないモダンジャズ名盤3選】

リラクシン／マイルス・デイヴィス
（ユニバーサル ミュージック）

ミーツ・ザ・リズム・セクション／
アート・ペッパー
（ユニバーサル ミュージック）

サキソフォン・コロッサス／
ソニー・ロリンズ
（ユニバーサル ミュージック）

43

れに続いてできるようになるものです。フィギュアスケートの３回転ジャンプなんて誰もできるなんて思わなかったのが、今は４回転しないとメダルは期待できないというふうに、できるようになるのです。

アームストロング以降のジャズはアドリブ演奏を競って聴かせるようになります。和音の制約の中で少しでも粋な音を聴かせるために、和音は細分化されますし、コード進行の面白いガーシュインやコール・ポーターの曲、その他ミュージカル映画のテーマ曲などもジャズのスタンダード・ナンバーとして好んで演奏されるようになります。演奏家の方も和声の知識がある程度ないことには演奏についていけなくなります。

この路線でスイングからビ・バップ、そしてモダンジャズの前期という1940年代後半から1950年代までの流れが形作られていきます。このあたりまでのジャズはアドリブも含めて〈歌える〉ジャズの流れだということもできます。ルイ・アームストロングからレスター・ヤング、そしてカウント・ベイシー楽団とビリー・ホリデーのボーカルを挟みながら、チャーリー・クリスチャンのギター、チャーリー・パーカーのアルトサックス、バド・パウエルのピアノ、ソニー・ロリンズの「サキソフォン・コロッサス」、マイルス・デイビスの「リラクシン」あたりから名演奏をピックアップして聴いていただくと、大体の流れが分かると思います。

10　都会人の憂鬱と孤独、現代音楽的、室内楽的世界

ジャズの中心地がニューヨークという大都会に移っていくにつれて、ジャズは楽しくメロディアスでスイングするだけではなく、都会人の憂鬱や孤独感にフィットする室内楽的なものに変わっていきます。一度形式や演奏法が固まったものは、スイング・ジャズのようにそれはそれとして残りますが、その一方でジャズは常に新たな表現方法を追求する進化形としての顔を持っています。

1955年にチャーリー・パーカーが亡くなった後のジャズは新たなスタイルへの模索の時期でクール・ジャズ、モード奏法、フリージャズのスタイ

ルが現れてきますが、このスタイルの違いにもかかわらず共通するのは、演奏している本人にもよく分からないような「言いたいこと」をアドリブで語ろうとする姿勢です。クールなんて言っても演奏は実はホットだったりしますし、モードは和声でとらえられない「言いたいこと」を言うのに適した形式でしたし、フリージャズは、これはもう「言いたいこと」しかないようなところがありました。

　この流れをつかむのにいいCDはマイルス・デイビス『クールの誕生』、『カインド・オブ・ブルー』、ジョン・コルトレーンの『マイ・フェイヴァリット・シングス』、『ライヴ・アット・ヴィレッジ・ヴァンガード』、オーネット・コールマン『ゴールデン・サークル』あたりがいいとおもいます。

　このころのジャズは知的で難解で高級な音楽として扱われるようになります。インテリには愛好されますが、踊れず歌えない音楽が増えてきます。ジャズ喫茶で自分の聴きたいLPレコードをリクエストしてかかるのを待っているという1970年代のジャズファンの行動様式も今はなくなってしまいましたが、このようなかたちで市民権を得ていた音楽は当然大衆的な人気とは異なるものになってきます。

　したがって、ジャズから派生した8ビートのロックンロールのほうが世界中の大衆に聴かれるようになります。また、ジャズはアントニオ・カルロス・ジョビンがサンバのリズムと合体させてボサ・ノヴァを創り出したりもしますので、いろんなジャンルの元にはなっていますが、それ自体の人気はおよそクラシック音楽の中の現代音楽ぐらいでしょうか。文学でしたら日本の純文学というジャンルみたいなところがあります。

　ただ、新たな音楽を生み出そうとする〈生きている音楽〉としてのジャズはどうなったのかというと、それはそれで変化し続けているようです。マイルス・デイビスの『ウイ・ウォント・マイルス』などを聴いてもらうと、彼が最後まで新たな音楽を追求していたことが分かります。まだジャズは死んでいなかったんだと分かって感動的です。

＊

さて、一通りジャズの歴史を見てきましたが、歴史的に位置づけやすい作品だけを紹介してきましたので、ここでは100パーセント私の趣味で、これは楽しんで聴けるという名盤を10点挙げておきます。

- カウント・ベイシー・オーケストラ『アトミック・ベイシー』
- エロール・ガーナー『コンサート・バイ・ザ・シー』
- セロニアス・モンク『ミステリオーソ』
- ビル・エヴァンス『ポートレイト・イン・ジャズ』
- レッド・ガーランド『レッド・ガーランズ・ピアノ』
- スタン・ゲッツ＆アストラッド・ジルベルト『イパネマの娘』
- アート・ペッパー『ミーツ・ザ・リズム・セクション』
- エリック・ドルフィー『ラスト・デイト』
- ジャック・デジョネット『スペシャル・エディション』
- ウォルター・ノリス＆アラダー・ペゲ『シンクロニシティー』

【参考文献】
菊地成孔/大谷能生『東京大学のアルバート・アイラー──東大ジャズ講義録・歴史編』、文春文庫、2009年
油井正一『ジャズの歴史物語』、角川ソフィア文庫、2018年

46

第5章 文化と文明、そしてユダヤ・キリスト教

1 四大文明と宗教文化

これまで異文化摩擦を中心に取り上げてきましたが、文明と文化の関係について少し触れておかなければなりません。というのも、文明が技術的で伝播性があるという点で、たとえば科学技術文明は世界中に広がったわけですが、そのことと各地の文化とがどんな関係にあるのかということをはっきりさせていなかったからです。

したがって、この章では文化と文明との相互の関係について説明しておきます。

まず、基本的に世界のどこでも程度の違いはあるにせよ、文化と文明は両方同時並行的に生まれて発展していきます。その際には必ず文化が文明を支える形をとります。

ちなみに、そこでの文化ですが、そうした文化とは基本的にすべて宗教的文化です。前章で文化の特徴として非合理性について述べましたが、非合理の代表格が宗教です。

われわれ日本人は言ってみれば宗教音痴なので、宗教を中心にした見方になじみがありません。しかし、欧米や中近東の文化が宗教的である点については言うまでもないことでしょう。

さて、四大文明のどれもが壮麗な建築物や様々な文物を後世に残していますが、たとえばピラミッドや神聖文字、楔型文字や神殿の意味するところは正確にはわかっていません。というのも、そうした文明を支えた宗教文化も、当の文明と同様に滅亡してしまったからです。

少なくとも四大文明の時代には、文化の運命は文明の興亡と期を一にしていたことがわかります。今日たとえば世界遺産のピラミッドはエジプト人にとって単なる観光資源でしかなく、宗教文化的な意義は何も残ってい

ないと言っていいでしょう。

2　ユダヤ教のユニークさ

　ところで、エジプトとメソポタミアという二大文明圏に挟まれたイスラエルにはこの点で例外的な性質を持つ宗教文化が育っていました。イスラエルの宗教であるユダヤ教は、四大文明圏のような高度に発達した物質的基礎を持っていなかったのです。

　物質文明的にはほとんど砂漠のそれだったことが幸いしたのかどうか、近東の古い民族との間の幾多の抗争を経て、最後には国を失い人びとは離散して行ったにもかかわらず、人びとが信仰し続けていた、宗教だけがその後も突出して発展していき、今日に至ります。今でもイスラエルの人びとは、この民族宗教としてのユダヤ教を信仰しているわけです。

　さらにこのユダヤ教を母胎として、後にキリスト教が1世紀初めに、さらにその両者を受け継ぐ形をとってイスラム教が8世紀初めに生まれてきます。

　これらの宗教はどれも同じ神様を信仰しています。唯一絶対神のことですが、呼び名がヤハヴェまたはエホバあるいはアラーとあっても、その意味するところは三教とも同じです。

　これらの宗教についての基本的な知識が得られる好著を二冊紹介しておきます。

○橋爪大三郎著『世界がわかる宗教社会学入門』筑摩書房, 2001年

○中村圭志『信じない人のための<宗教>講義』みすず書房, 2007年

　是非読んでおいてください。わが国では義務教育の中で仏教も含めた世界三大宗教の基本原理を解説するといったことがまったく行なわれていないので、ただでさえ、宗教というとどことなく煙たいものだと考えがちなのです（しかし、それでいてわれわれの行動パターンは、先にも述べたように、ひろさちや氏が言うところの伝統的民族宗教「やまと教」の影響下にあると言えるでしょう）。

48

第5章　文化と文明、そしてユダヤ・キリスト教

　いずれにしても、今後ますます人びとの国際的な交流が盛んになると、
お互いの宗教の相違についての知識は、無用のトラブルを避け、共存して
いくためにも必須のものとなります。

＊

　ここで宗教の話に触れるついでに、次の例について考えてみてください。

　　日本人Jさんは、N会社の観光開発プロジェクトチームのチーフと
　して、最近インドネシアにやってきたばかりである。ある日、メンバー
　全員の前で話をすることになった。Jさん自身は、一応仏教徒という
　ことにしているが、メンバーの宗教が、イスラム教、ヒンズー教、キ
　リスト教と多様なので、チームをまとめる上での障害になるのではな
　いかと気になっていた。そこで、ちょうどよい機会だと思い、話の最
　後を「結局はどの宗教の神様も同じですから、仲良くやっていきましょ
　う」と締めくくった。すると、メンバーの何人かが複雑な表情をした。
　そして、その後、チーム内になんとなく気まずい雰囲気が漂いはじめ
　た。

　　（渡辺文夫編著『異文化接触の心理学』川島書店, 1995年, 40－41頁)）

　この「何となく気まずい雰囲気」というのはどういうことなんでしょう
ね。「いくら何でもあいつらとは違う」とかお互いに思っているのでしょ
うか。ここに出てくる三つの宗教、すなわちキリスト教、イスラム教、ヒ
ンズー教のそれぞれの立場からするとお互いをどう考えているのかという
ことを近くに座っている人たち4～5名で話し合ってみてください。なお、
この場合、一応自分で仏教徒ということにしている一般的日本人の代表た
るJさんも含めて考えてみましょう。

49

この場合、先ほどの説明からするとキリスト教徒とイスラム教徒はどちらもユダヤ教から出てきたものですので一番近いと思われますが、かえって近親憎悪の関係にあったりすることもあるのが難しいところです。

　ヒンズー教は多神教で、先ほどの中村圭志の本に説明が載っていますが、日本の八百万の神に近いところがあります。というか、実際にすでに日本の神様になっている例がいくつか挙げられています。帝釈天、弁天様、毘沙門天、大黒様などがそうです。われわれにとっておなじみの神様ですね。

　キリスト教は明治時代以来西洋文明とともに日本にどっと入ってきたようでいて、我が国の人口のいったいどれくらいの人が信仰しているのかご存じですか？

　そうです。驚くほど少ない割合なのですが、これは日本の伝統的宗教意識と衝突しているためだと思います。先ほどはこの宗教意識を「やまと教」と言いましたが、一般的に人びとは自分の宗教を「無宗教」と呼んでいます。

　こうして無宗教の日本人は初詣に神社仏閣どちらでもいいのでお参りし、結婚式はキリスト教式で挙げ、葬式はお寺でおこなってもかまわないという、ゆるく幸せな宗教生活を送っています。Ｊさんの「一応仏教徒」という表現はこうした意識の現れでしょう。

　ただ、自分がそうだからといって他の宗教とその信徒に対する想像力と思いやりを欠いてはまずいわけです。

　なお、ちなみにこのわれわれ日本人の「無宗教」については拙著『人と人びと－規範の社会学』（いしずえ, 2003年）の第１章で検討していますので、ご覧ください。

3　ユダヤ教の文明史的意義：直線的時間

　キリスト教とイスラム教の源流に位置するユダヤ教を押さえておくと、いろいろなことが見えてきますが、ここではユダヤ教の特徴の中でも特に文明史的意義を持つ要素について解説を加えておきます。

　以前、この講義に先立ってハリウッド映画の『天地創造』ないしは『十戒』

を観ていただくことになっていましたが、ご覧になっていない方は、旧約聖書の創世記と出エジプト記に目を通してもらうといいと思います。

ユダヤ教は①唯一で絶対の神がこの世と人間を創り出したことと、②その神が人間に対して掟を授け、それを遵守すると救済されるという、一種の契約関係に入ることが柱となっています。前者が「福音」、後者が「律法」と呼ばれ、ユダヤ教の二大要素を形成しています。この要素はその後キリスト教やイスラム教にも継承されます。

それから、そうした契約＝律法がある日突然誰かの身に降りかかる形で、つまり神の言葉として告げられることと、それが経典として、法律の条文のような形でまとめられていることが特徴です。

この律法が守られていないとき、神から警告の言葉が発せられることがあり、その言葉を受ける人のことを「預言者」と言います。旧約聖書のイザヤとかエレミヤなどは代表的な預言者です。

後のイエス・キリストもユダヤ教の立場から見ると、神ではないにしても、預言者（あるいは偽預言者）ということにはなりえるでしょう。なお、イスラム教はイエスを預言者の一人として位置づけていますが、マホメットこそが歴代の最も優れた預言者（最終預言者）であり、以後預言者は現れないとしています。

こうした預言者が突然神の言葉を受ける（これを啓示といいます）というパターンはユダヤ教、キリスト教、イスラム教の三教に共通している特徴で、これらをまとめて「啓示宗教」と呼ぶこともあります。

ユダヤ教に話を戻すと、創造主たる神と人間との間には「造る」者と「造られる」者という関係があり、神は何もないところから世界を造り、塵芥から人間を造ったということになっています。神と被造物である人間との間にはとんでもない距離があり、その神から授かった掟をとにかく守って守り抜けば、イスラエルの民は繁栄し最後の最後に救済されるということになっています。ちなみに、これを「選民思想」といいます。

このストーリー（とあえて言ってしまいますが）の重要なところは、世

界の始まりと終わりが明記されているところです。創世神話はどこにもありますが、世界には始まりがあるだけでなく終わりがあるのだという考えは、人類史上初めてもたらされたものです。

　それまではどこの文明圏でも時間は循環的に流れていました。季節の移り変わりを見ていると、人類がこういう考えに至るのも自然です。しかし、世界に終わりがあるということになると、もはや時間も循環せず、直線的に流れることになります。そして、この直線的時間というものが、ユダヤ教が世界に与えた思想の中でも最も画期的なものの一つです。

4　キリスト教の文明史的意義：歴史的時間

　ユダヤ教はイスラエルの民に限定された民族宗教であるため、世界に広がるというわけにはいきませんでしたが、この直線的時間による世界観はキリスト教にも受け継がれ、新たな意味を持つようになります。

　イエスはユダヤ教の中で既存の教義と制度を否定するようなふるまいをします。安息日に病人を治療したりするわけです。そして、律法の根本にある神への愛と隣人愛を説きます（マタイ22・37-40など）が、それはユダヤ教の律法の否定と受け取られても無理はありません。

　こうしたイエスの振る舞い方はユダヤ教の預言者のそれのように見えます。預言者は人びとによってその言葉が神から出たものだと認められれば預言者であって、そうでないと神を冒涜したということで殺されてしまいます。

　事実イエスは神を冒涜したかどで捕らえられ、死刑となります。遺体は信徒が引き取り洞窟に埋葬しますが、3日後イエスは復活し、弟子たちのところに現れ、食事を共にし、弟子たちを祝福しながら昇天します（マルコ16、ルカ24、ヨハネ20）。

　キリストの生涯は、マルコ、マタイ、ルカ、ヨハネによる福音書に記されています。磔刑に処せられた後復活したイエスは、その後人類の罪をそそぐために犠牲となったと解釈されるようになります。この解釈は聖書の

パウロ書簡に書かれています。これがキリスト教神学の始まりでもあります。

　イエスはそこで人間でありながら、同時に神の子とされるという理屈では説明の付かない存在となります。後に父（神）と子（イエス）と聖霊という三つの位格で一つの神であるといういわゆる三位一体論へと発展していきます。

　そのイエスは復活後神様となってめでたしめでたしというわけではなくて、世界の終わりにもう一度やってくることになっています。新約聖書の最後に収録されている「ヨハネの黙示録」に書かれています。

　ユダヤ教の終末論は形は違いますが、キリスト教においても現れています。天から雲に乗って下ってきたイエスが「最後の審判」を行ないます。そこで死者たちは甦って、生前の自身の行ないによって裁かれます。この審判により、神の国に入れる者と、火と硫黄の燃える池に投げ込まれ第二の死を迎える者とに分けられることになります。

　と、まあ、こんな風に世界の始まりから終わりまでがしっかりと説明されています。これをそのまま信じることができれば、無宗教の皆さんでも今この場でクリスチャンになることができます。

　キリスト教のこうした世界観を知るための本として、C. S. ルイスの『キリスト教の精髄』（柳生直行訳, 新教出版社, 1977年）と、内村鑑三『キリスト教問答』（講談社学術文庫, 1981年）をおすすめしておきます。また、ルイスの『ナルニア国ものがたり』（岩波書店, 2000年）は全巻がキリスト教世界観の見事なアナロジーにもなっています。それぞれが密接に関連する物語の宇宙を形作っています。キリスト教の世界観を感覚的につかむためにはむしろこうした物語の方がいいかもしれません。

　ところで、ここで次の例を考えてみてください。

神戸在住のフランス人Ｘさんは阪神大震災のとき命が縮むほどの恐
慌を経験しました。敬虔なカトリック信者であるＸさんは、地震でア
パートが倒壊したとき、何が起きたのか理解できませんでした。その
ときＸさんの頭に浮かんだのは聖書の「最後の審判」の情景でした。
アパートから這い出たＸさんが振り返ると、燃え始めたアパートから、
炎を背にして真っ黒い影が走り出てきました。Ｘさんはそれを「最後
の審判のときが来て、死者たちが地中から甦った」と解釈せざるをえ
ませんでした。そして、生まれて初めての、壮絶な、言語を絶したパニッ
クに陥ってしまいました。その後のことはほとんど記憶がなかったそ
うです。

（内田樹『私の身体は頭がいい』文春文庫,2007年,222頁より）

　この逸話から皆さんはどんなことを感じましたか。いろいろと考えさせ
られる話ですが、私はまずはここまでしっかり信仰している本格的な信徒
が今もいるのかという新鮮な驚きを感じました。
　ところで、同様の経験をしたはずの日本人はこの種のパニックに陥りま
せんでした。どうしてなのかということをここで皆さんで話し合ってみて
ください。この地域でも日本人のクリスチャンは一定程度いるはずですが、
こうした話はあまり耳にしなかったように思います。
　しかし、こんなときに心身の機能が低下してしまって、他の人びとのよ
うに救助作業を手伝ったりすることができなくなるというのは、やはりあ
まりほめられたことではありません。
　では、このような危地に臨んで肝をつぶさないためには、どんなことを
したらよいでしょうか？　このこともあわせて考えてみてください。

＊

第5章　文化と文明、そしてユダヤ・キリスト教

　しかしいずれにしても、キリスト教が切り開いた世界観は、その後の世界に大きな影響を与えることになります。

　ユダヤ教から引き継いだ直線的時間の観念は、イエスという理想的人間像を獲得することで、具体的な人生の目標ができます。この世において日々イエスを模範として自分の行ないを律し、世の中に働きかけていくことが求められます。

　ユダヤ教的時間には確かに始まりと終わりがあるのですが、その間、人びとは神の命令をひたすら遵守することが求められます。人間の側からの積極的な働きかけは仮に許されていたとしても推奨されてはいません。神をコントロールしようとすることは神への冒涜となるからです。

　キリスト教ではイエスという人であり神でもある存在が信仰の中心に位置づけられているため、人間と神の距離が一挙に縮まりました。イエスに導かれて神の国に入るべき新たな人間には、神が本来持っていた創造性が宿ることにもなるはずです（中世ヨーロッパでは教会がこの世に神の国を建設するという目標も立てられます）。

　したがって、キリスト教の文明史的意義というのは、人間が神から与えられた創造性を持って他者すなわち社会にはたらきかけていく可能性を切り開いたということにあります。そして、このことが日々最終的な目的に向かって時間の流れに即して行なわれていくという「進歩」の観念をもたらしました。

　進歩の観念は当然ながら進歩的歴史観や歴史的発展段階といった思想を生み出し、後に生物学が発展してくると、進歩は「進化」という観念となり、世界中にその影響を及ぼすようになります。

＊

　本章で述べた内容に関する文献としてはChristopher Dawson, *Progress And Religion, An Historical Enquiry*, London, 1929.をお読みになるといい

55

でしょう。古い翻訳『進歩と宗教』（刈田元司訳, 創元文庫, 1954年）があるにはありますが、今日では入手困難だと思います。一方英語原書の方はリプリント版が出ていて、ネット経由で容易に入手できます。ドーソンの英語は読みやすいので、英語の勉強も兼ねて原書に挑戦してみてはいかがでしょう。

　また、キリスト教の意義を哲学として展開したものとしてH. ベルグソン『道徳と宗教の二源泉』（岩波文庫, 1953年）があります。翻訳は三種類ほど出ています。私は個人的には師匠の中村雄二郎訳（白水社, 2001年）を贔屓にしています。まったくもって不肖の弟子で恐縮ですが。

| 第6章 | ヘブライズムとヘレニズム |

1　ルネサンスと宗教改革

　ここで文化の流れを整理しておきましょう。前章で述べたユダヤ・キリスト教的な流れをヘブライズムと呼びます。高校の世界史の教科書には出ています。また、イスラエルの言葉がヘブライ語だということはご存知の方も少なくないでしょう。

　このヘブライズムはローマ帝国にキリスト教が広まることによって西洋世界にもたらされました。キリスト教が入る前のローマ帝国はギリシア文化を継承していました。

　このギリシア・ローマ文化をヘレニズムと呼びます。ヘレニズムはヘブライズムと違って多神教です。ギリシア神話の神々を思い浮かべるといいでしょう。感覚的で美意識に優れ、快楽主義的傾向があります。ヘブライズムの禁欲的で厳格なイメージとはほとんど水と油と言っていいくらいに違います。

　ローマ帝国でキリスト教が受け容れられて初めて、この水と油が一緒になるわけですが、キリスト教が国教になり強大な宗教国家が誕生したことで、地上の権威も精神的な権威もすべてをローマ教会が一手に担うことになります。その間は実際ヘブライズムの勝利であるかのように見えますが、帝国の権力と教会の権威に影が差し始める頃から、それまで押し込められていたヘレニズムの動きが活発になってきます。

　ルネサンスはその代表的なものです。これはルネサンス＝「再生」という言葉の意味通り、ギリシア・ローマ時代に生まれた芸術の復活再生を目指します。中世の束縛から人間精神を解放し、個の自由が発揮されるとともに近代文化の基礎が確立したと言われるのがこの時代です。

　ルネサンスの天才たちは確かに、宗教的制約を脱し、個人の才能を可能

な限り発揮したように見えます。キリスト教の力が落ちてきて、神が信じられなくなりつつあるときに、代わりに崇拝の対象となってきたものの一つが個人でした。それが個人の中に神のごとき創造性を見出すことがきっかけとなって登場するヒューマニズム＝「人間中心主義」です。

　他方で堕落した教会に対して真正面から原理的戦いを挑んだのがルターやカルヴァンによる宗教改革です。ルネサンスがヘレニズムへの回帰だとすれば、宗教改革はヘブライズムへのそれです。

　堕落した教会経由ではなく、各個人が聖書を通じて直接神の言葉を学ぶことで「信仰によってのみ」救われるというわけです。ルターが聖書をドイツ語に翻訳した理由も明らかです。各人が聖書を自国語で読んで解釈できるようにならなければいけなかったからです。

　こうして教会の権威によらずに個人の信仰が位置づけられることで「思想の自由」が認められることになりました。このことを「人間の理性に聖書を説明する権利が認められるようになった」（ハイネ『ドイツ古典哲学の本質』岩波文庫, 1973年, 71頁）と考えることもできます。

　ちなみにハイネによれば、ルターの内には悪魔や妖精が潜む汎神論的世界観があり、それが彼の超人的な行動力の源となっているとみています（前掲書, 66 - 67頁）。ルターの中にはキリスト教以前のヘレニズム的世界観も同居していたばかりか、それが宗教的情熱の原動力にもなっていたようです。

　ルターにはもう一つ重要な思想があります。それは彼が「隣人愛を根拠に国家権力を基礎づけた」（橋爪大三郎『世界がわかる宗教社会学入門』筑摩書房, 2001年, 91頁）ことです。ルターによれば隣人愛のために剣を用い、剣に訴えて悪の防止と善の擁護をするべしということになります（ルター『現世の主権について』岩波文庫, 1954年, 48頁）。そして、ルターのこの理屈が単なる復讐法に過ぎなかった中世の刑罰体系の中にいた封建領主や貴族から剣＝暴力を取り上げ国家に集中させることになったのです。つまり、近代国家における法の支配のきっかけになりました。

2　近代国民国家と中・東欧

　ルネサンスも宗教改革も個人の自由を追求しようとする点は共通しています。アルプスの北と南で現れ方がずいぶん異なってはいましたが、教皇や国王ではなくふつうの人びとが主人公となる世の中へと向かって歴史は進んでいきます。いわゆる近代市民社会への道です。

　中世の封建制社会から絶対王権の国家が成立していったときまでは、王権は神によって授けられたという理由で絶対でした。いわゆる王権神授説ですが、その後、自由を求める人びとが政治の主役になろうとする動きの中では、神の権威はともかく、王の権威はそれまでの力を失うことになります。

　市民革命発祥の地イギリスでは17世紀に王権を制限することから始まり、1688年の「名誉革命」で一連の市民革命にカタがつきます。

　この市民革命によってイギリスはローマ教会の支配下から完全に脱し、国家的エゴイズムを十分に発揮できる国民国家の体制を世界に先駆けて達成することができました。イギリスは世界中に植民地を設け、その果実を享受することができるようになりましたが、そのイギリスを密かに羨望のまなざしで見ていたのがフランスです。

　フランスは当時太陽王ルイ14世の絶対王政期で、人口の２％程度にすぎない聖職者と貴族が様々な特権と富を有していました。そのためフランスでは市民革命が起こるのも1789年と、イギリスに後れをとること100年、それもきわめて膨大な犠牲を払わなければならなりませんでした。

　フランス革命の実態は同国人同士の凄惨な殺し合い（死者は60万人以上）のようですし、さらにその混乱の中からナポレオンという「皇帝」が出て来てヨーロッパを荒らし回るという、ほとんど近代市民社会と相反するような帰結となったようにも見えます。

　しかし、実はフランス革命にはそれまでの市民革命とは異なる、決定的に新しい要素があります。それが民族と言語と国家です。〔なお、これについての詳細はロマン主義から革命に至る思想の流れとともに前掲拙著

『人と人びと－規範の社会学』150頁以降に述べています。]

　フランス革命の標語として「自由」「平等」「博愛」というものがありますが、実はこの中の「博愛」がかなりのくせものなのです。これはぼんやりと人類愛のことのように思われるかもしれませんが、実はフランス国民限定の仲間意識のようなものなのです。では、フランス国民とはどんなものなのかというと、フランス語を話す、それも美しいフランス語を話す民族でなければならないのです。

　こうしてフランス市民革命によりはじめて一民族＝一国民＝一国家という国民国家の範型が、それを統合するための共通言語＝国民言語とともに世界に示されました。フランス革命当時のフランス全土で「人権宣言」を理解できたのは人口の3分の1程度にすぎなかったと言われています。それがフランス学士院を中心にした言語政策＝言語改革運動により、共通語としての「美しいフランス語」が確立されていくことになるわけです。

　この運動はフランス以東の四大軍事帝国オーストリア、プロイセン、ロシアそしてオスマントルコに波及します。この地域は19世紀に入っても市民革命どころの話ではない軍事帝国で、市民革命の露払いをしたフランス啓蒙思想なども専制君主自らが近代化を押し進めようとする中で「上から」もたらされたくらいでした。

　したがって、この地域で圧政のもと民族独立の運動を、民族形成のそれとともに進めていた諸民族は、ナポレオンによる民族解放闘争への呼びかけを歓迎しないではいられませんでした。

　昔、セルビアの首都ベオグラードを訪れたとき、街の中心の広場に馬に乗ったナポレオンの銅像があるのを見て、「こんなところにナポレオンが⁉」と、少し不思議な気がしたものでしたが、セルビア人たちにとってナポレオンは民族独立の頼もしい助っ人だったわけです。

　1848年革命が中・東欧全土で勃発したのも、こうした思想の影響下での出来事でした。この革命自体は失敗に終わりましたが、今日の中・東欧諸国の歴史上極めて重要な位置づけがなされています。実際にこれらの諸民

族は1920年のトリアノン条約以後独立を果たします。

　しかし、20世紀に入ると、ロマン主義や啓蒙主義から発した市民革命の思想はマルクスからレーニンを経て社会主義国家の成立というかたちで実現します。それまでいつも西から発していたイデオロギーの流れは、ソヴィエト連邦の成立と共産主義者による世界同時革命思想の登場により、ここで一転東から西へと流れるようになります。

　第二次世界大戦後中・東欧諸国の多くがソ連の衛星国として社会主義陣営に入ることになります。このあたりの事情は後でハンガリー史を概観するときにも触れるつもりです。

3　ユダヤ人問題

　中・東欧のユダヤ人は19世紀頃から各地の文化に同化し始める人が増えてきました。とりわけハンガリーでは1848年革命の挫折後、市民革命の担い手となるべき中産階級の増強が課題となりました。そこで、政府はユダヤ人に対する様々な規制を解き、ユダヤ人を直接呼び込む政策をとるようになります。

　この政策はたちまちのうちに功を奏して、中・東欧あるいはロシアの各地からユダヤ人が資本とともに首都ブダペストへと流れ込んできました。ユダヤ人の人口はブダペストの10パーセントを超えるほどになります。

　後の時代に世界的に活躍する知識人の多くが、このブダペストで生まれ育ったという事実はローラ・フェルミ『亡命の現代史』（みすず書房, 1972年）にも指摘されていますが、科学史上の謎の一つになっていると言っても過言ではありません。

　数学者のジョン・フォン・ノイマンや物理学者のシラードやウィグナー、カールとマイケルのポランニー兄弟、哲学・美学のルカーチ、社会学者のマンハイムなど、そうそうたる面々がこの時代のハンガリーで生まれ育っています。彼らは皆ハンガリーに同化したユダヤ人で、家庭内言語は必ずしもハンガリー語ではありませんが、学校ではハンガリー語で教育を受け

ています。言語の影響は決して小さいものではないので、彼らのキャラクターにはユダヤ的な特徴と同じくらいハンガリー的特徴も認められます。（マイケル・ポランニーは英語やドイツ語を家庭で厳しく仕込まれて育ちましたが、亡命先の死の床では、ハンガリーからの見舞い客とともにハンガリーの詩人アディの詩の一節を口ずさんだと言われています。）

　というのも、同時代のウィーンで生まれ育ったユダヤ人知識人にも世界的に活躍した俊英が大勢いますが、やはりそうした彼らにもまたユダヤ的というだけでなくオーストリア的というかウィーン的なところがあるからです。哲学者のウィトゲンシュタインなどは単純に形容できないユニークな人物ですが、その批判者の一人でもあったマイケル・ポランニーと比べてみると、ウィーンとブダペストのように際立った違いが浮かび上がってきます。

　ウィーンについてはトゥールミン＆ジャニク『ウィトゲンシュタインのウィーン』（平凡社ライブラリー，2001年）、ブダペストについては栗本愼一郎『ブダペスト物語』（晶文社，1982年）をお読みになるといいでしょう。どちらも当時の精神史的状況が活写されています。

4　プロテスタンティズムの倫理とウェーバー

　先に宗教改革について触れましたが、社会学者のマックス・ウェーバー（1864 - 1920）は『プロテスタンティズムの倫理と資本主義の精神』（岩波文庫，1989年）で、プロテスタントのカルヴァン（1509 - 1564）の説いた世俗内禁欲が、結果的に世界が資本制社会へと移行するきっかけとなった旨が描き出されていて、感心させられます。北風と太陽さながらというか、風が吹けば桶屋が儲かるとでも言うべきか、よく言えば世の中は意外なつながりに満ちていることが分かります。

　ここでついでに触れておきたいのはカルヴァン派の「予定説」についてです。厳密に神への信仰というものを考えてみるならば、神はこの世を創り出した全知全能の存在ですから、世の中の人びとの内で誰が神の国に入

第6章 ヘブライズムとヘレニズム

れるか、また入れないかということはあらかじめお見通しだということになります。神はそもそも時間を超越しているのですから。

しかし、そうすると神の国に入れない人は自棄を起こして暴れるのかといえば、そうではありませんでした。むしろ、人びとは神の国に入れるであろう模範的生活をしている人の生き方を真似るようになります。おそらく神の国へ行く人は日々まじめに働き、贅沢をせずに慎ましく暮らし、神への祈りを欠かさないだろうからということになります。自分のほうからこんないいことをしたから神の国に入れてくださいというのは、神をコントロールすることになり不遜極まりないことなのですが、救われる人の外見と行動に近づくことに、救済への一縷の望みを託すという慎ましくもけなげな姿勢です。

ウェーバーによると、自宅の祭壇と職場とを往復するだけの生活を送るカルヴァン派の行動パターンが確立します。奢侈にお金を使うこともないわけですから、カルヴァンが奨励したとされる蓄財に励む人も増え、富の原始蓄積が再投資を繰り返すことで資本制経済が生まれたということになるのは、話ができすぎているかもしれません。

実際このウェーバーを意識して書かれたゾンバルトの『恋愛と贅沢と資本主義』（講談社学術文庫, 2000年）は、産業革命期に貴族が女性の歓心を買おうとして贈るレースの編み物の需要が資本制経済を発展させたという議論を展開しています。これもまた真理の一面を突いている気がします。

ただ、ウェーバーの議論が説得力があるのは、今日のプロテスタント国家が相変わらず勤勉かつ生真面目な傾向を持っているのに対して、カトリックの国々は明日のことも考えないくらいちゃらんぽらんで享楽的な側面があるように思われるからでしょう。前者がドイツ、オランダ、スイス、北欧諸国などで、加えてイギリスとアメリカもまあその仲間だといえます。それに対する後者はイタリア、スペイン、ポルトガル、それから中南米諸国が挙げられます（ちなみに、アイルランドとポーランドがどちらもカトリックということは覚えておくといいでしょう）。前者がヘブライズムの、

63

後者がヘレニズムの系統に属していると考えると腑に落ちる面があります。

　このような一種の宗教社会学的な見方は、合理性だけではとらえられない人間集団の行動に注目するとき、強みを発揮します。まして、宗教は合理的ではない人間行動の見本市のような性質を持っていますので、これを無視していては、見えるものも見えなくなってしまいます。とりわけ、今日の民族紛争でも対立する紛争当事国の宗教的背景を知っておくことは有益です。

5　イスラム教概説

　イスラム教は合理的な宗教というと不思議な感じがするかもしれませんが、ユダヤ・キリスト教と同じ一神教の流れの中から出てきた宗教で、先行する二宗教を可能な限り合理化し、救済されるためのプログラム化を図ったという側面があります。この点ではイスラム教は明らかにヘブライズムの系譜に属していると言えます。

　優秀な商人だったマホメット（570頃〜632）が預言者として神の啓示を受けたのが7世紀の始めです。その啓示の内容は『コーラン』にまとめられていて、そこには天国に行くためには何をどう信じどのような行ないをしたらよいかということが記されています。

　ここでマホメットはあくまで預言者に過ぎず、神ではありません。ただし、歴代の預言者の中で最も優れた預言者で、彼より後には預言者が出ないようないわゆる「最終預言者」だといいます。マホメットによればイエスもまた神ではなく、ただの優れた預言者に過ぎないということになります。なお、イスラム教はユダヤ教とキリスト教を高く評価しますが、最終的な正しい解釈の仕方はすべてコーランに書かれているとしています。

　それにしても、先ほどカルヴァン派のところで述べたように、人間の側からこんなことをしたから神の国に入れてくださいというのは不遜で不敬なことになるはずですが、これを回避するためにイスラム教は〈すべては

神が決めるが、人がよいことをすれば来世で救済される〉というように、いわば予定説と因果説を組み合わせて説明しています（小室直樹『日本人のためのイスラム原論』集英社インターナショナル, 2002年）。

　ではよいこととは何かという疑問が次に浮かびますが、それはイスラム法に定められています。そして、よいことをすれば、人は天国（緑園）へ行くことができ、悪いことをすると地獄に落ちることになっています。緑園は緑に囲まれ、清らかな水が流れる美しい場所で、男性はそこで72人の乙女が待っていてくれます（72個の「白い果物」という説もありますが）。また決して悪酔いすることのないお酒や果物、肉などを存分に楽しむことができると言います。（女性が亡くなったときのことについては記述がありません。）

　ところで、第二次イラク戦争後に自衛隊が派遣されていたイラクのサマーワから日本財団によってわが国に招かれた一行は、伊勢神宮に案内されて、まさしくそこが緑園だという感想を持ったそうです（日下公人の本にありましたが出典を失念。ご教示下さい。）。巫女さんたちも歩いていますしイメージ通りだったのでしょう。

　いずれにしても、このようにあの世について実体的に述べられているのがイスラム教の特徴です。そして、現世ではどんなに不幸な目にあっても、それにめげずに神の教えを信じ、イスラム法を正確に守れば、来世で緑園に行くことができると説くのです。

　イスラム教が信仰する対象は明確です。アッラー（唯一神）を信じること。コーランには、アッラーは絶対で、天地を創造し、人間に生を与えた。アッラーは永存して唯一で全能で計算高い。また極めて慈悲深いなどといった特性が99項目記されています。そして、これらの数々の特性をすべて信じること、それぞれにつきどのように信じ、そのことをどう表現するかということまで具体的に決まっています。

　いわゆる「六信」というものがあり、神、天使、啓典、預言者、来世、天命の六つを信じなければなりません。啓典はコーラン、トーラー（モー

ゼの律法)、詩篇、福音書の四書が最重要とされます（が、実際に特に福音書は学者以外はほとんど読まないそうです）。また、天命は「天地間のすべては神のご意志による。例外はない」という命題を信じることです。

この信仰を表すためにも勤行をしなければなりません。信仰告白、礼拝、断食、喜捨、巡礼の「五行」です。

・信仰告白：イスラム教徒（しばしば宗教指導者）の前で「アッラーのほかに神はなし。マホメットはその使徒である」とアラビア語で唱えること。
・礼拝：毎日五回メッカの方向に向かってします。金曜日はモスク（イスラム寺院）に集って公式に礼拝することになっています。
・断食：イスラム暦9月（ラマダン）に1ヶ月間断食をします。期間内は日の出から日没までは何も飲み食いしてはいけません。イスラム暦は毎年11日ずつ太陽暦とずれていくので、ラマダンは真夏になったりすることもあります。
・喜捨：貧しい人に所得の40分の1を恵まなくてはなりません。
・巡礼：イスラム暦12月に聖地メッカのカーバ神殿を中心に行なわれる儀式に参加することで、成人は最低一生に一度は行なわなければなりません。

イスラム教では政教分離という考え方がないので、近代市民社会のような民主主義社会には移行が難しいところがあります。宗教と法律も連続しているのでなおさら大変です。ただし、これを大変とは思わないことでイスラム国家は成り立っているとも言えます。イスラム教における理想的な政治というのは、コーランの学者が専制政治を行なうことだからです。

6 スンニー派、シーア派、イスラム神秘主義
イラン・イラク戦争以来、スンニー派とシーア派という言葉はよく聞か

れるようになってきました。イランはシーア派が多く、イラクでもシーア派が多数派である一方、その他のイスラム諸国はスンニー派が多数派です。しかし、両派の違いについては世界史の教科書のような一般的な説明を聞いてもよく分かりません。

　一般的には、3代目の宗教指導者（カリフ）の死後、4代以降の座を巡って、マホメットの従兄弟アリーとその子孫だけがその資格があるとするシーア派と、カリフを話し合いで選んできたスンニー派（「慣習（スンナ）に従う者」の意）に分かれたなどと書かれています。世界史を選択して大学受験でもしない限り、このような説明はいくら聞いても忘れてしまいます。

　実はシーア派が血統にこだわったのはアリーの夫人がイラン系だったからだと言われています。イスラムが出てくるまでのペルシャは独自の文化を有していましたので、イスラム化したときにイスラム教の典礼やコーランの解釈にもペルシャ的な要素が紛れ込んでいるというか、残っているというか、あるいはそうした要素を忍び込ませたと言えるかもしれません。シーア派が「コーランの深層の意味＝存在に基づく幻想性に満ちた思想」（井筒俊彦『イスラーム文化』岩波書店, 1991年）だと言われるのも、背景にペルシャ文化が控えていることによります。

　シーア派についてはイランからパリに亡命した女性漫画家マルジャン・サトラピの自伝的作品『ペルセポリス』（バジリコ, 2005年）が参考になります。サトラピ自らが制作したアニメーション映画もあります。DVDでも入手可能ですので、ぜひご覧になってください。いろいろとショッキングな話も収録されていますが、ホメイニ革命やイラン・イラク戦争の中での人びとの状況についても活写されていて、本当に勉強になります。

　こうして、シーア派が独特の発展を遂げたのに対して、スンニー派は正統派、すなわち前節で述べてきたような宗教法に全面的に依拠する共同体的イスラム教です。

　これに加えて、もう一つイスラム文化の柱の一つを形成しているのが「イ

スラム神秘主義」（スーフィズム）です。これはイスラムの思想家が、いわば禅の修業のような瞑想を通じて、「深層の意味＝存在を背景にした自我否定」（井筒俊彦，前掲書）の境地に至り、そこで、自我の存在の源である存在者＝神と自我とが合一すると同時に、自我が神へと変質し「私は神だ」と言うようになるという現象となって現れます。当然ですがこんなことを口走る人はこの文化圏では命がありません。それにもかかわらず、次から次へと優れたイスラム思想家と目されている人が同じようにして亡くなってしまうのが、このイスラム神秘主義です。

　わが国が世界に誇るイスラム研究者の井筒俊彦によれば、このスンニー派、シーア派、イスラム神秘主義という「相対立する三つのエネルギーのあいだに醸し出される内的緊張を含んだダイナミックで多層的な文化」（井筒俊彦，前掲書，225頁）がイスラム文化なのです。

＊

　よく言われるように、女性差別や暴力が苛烈なこともこの地域の問題ですが、これについても丁寧に現地取材された好著として、片倉もとこ『イスラムの日常世界』（岩波新書，1991年）をおすすめしておきます。

第7章 ハンガリーの文化と歴史

1　比較文化のモデルケースとしてのハンガリー

　ここでハンガリーとは唐突ですが、この国に注目する理由は三つあります。その一つは、これまでの章で述べてきた世界史の流れがこのハンガリーの歴史に集約されるところがあるからですが、もう一つの理由は、その民族文化のルーツに日本のそれと共通する要素があるからです。

　ハンガリー人は元々ウラル山脈に住んでいた民族です。

　言語はハンガリー語（マジャル語）で、単語の語尾が日本語の格助詞「て・に・を・は」のように変化するアジア系の膠着語に分類されます。また、音楽は民族音階が5音階（ペンタトニック）で、モンゴルの民謡やわが国の木曽の「追分け」と共通しています。

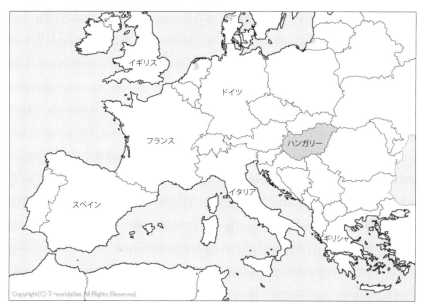

ユーラシア大陸西部　　　　　〔出典：樹商事㈱　http://www.sekaichizu.jp/〕

そうしたいわばアジア系の民俗文化のルーツをもつ人びとがヨーロッパに入っていき、キリスト教を受け容れヨーロッパ化していったわけですが、そのハンガリーが近代に入ると大変な勢いで近代科学文明の発展に貢献する発見、発明が山ほど出てきたということにも注目しておきたいと思います。この問題は先に述べたように、これを異文化接触の結果として、同化ユダヤ人問題の視点から考えることもできるでしょう。

　ハンガリーをここでとりあげる三つ目の理由は個人的なものです。それは私の専門が法哲学・法思想史という分野で、さらにその中でも〈19世紀から20世紀にかけてのハンガリー法思想史〉に取り組んできたからです。これは大学院でお世話になった師匠の一人、栗本愼一郎の勧めによるものでしたが、カール・ポランニーの先生だった法哲学者を調べることから始まり、当時世界的に知られていたハンガリー法学派という知的鉱脈にたどり着くことになりました。

　それはともかく、1987年から1990年までハンガリーに留学する機会に恵まれたこともあり、多少は現地の文化事情に通じるところがあるため、ここで取り上げているわけです。ちょっと無理やりの感があるかもしれませんが、結果としてハンガリーというのは比較文化のモデルケースとして最適な国の一つではないかと考えています。

2　人口比世界一

　ハンガリーは面積が約9.3平方キロメートル（日本の約4分の1、九州＋四国くらい）、人口が1,000万人ほど（2008年で9,993,000人）の小さな国ですが、ノーベル賞受賞者（13名）や、オリンピック金メダル、研究者の数、自殺件数が世界一です。

　ハンガリー人による発明でよく知られたものを挙げてみると、馬車（1400）、マッチ（1836）、交流電流（1885）、タングステン・フィラメント（1905）、放射線トレース（1913）、蒸気飛行機（1928）、クリプトン電球（1930）、ボールペン（1938）、原子炉（1942）、プログラム内蔵コンピュータ（1946）、

第7章　ハンガリーの文化と歴史

ハンガリーの主な都市　　　　〔出典：樹商事㈱　http://www.sekaichizu.jp/〕

　タイム・シェアリング・コンピュータ・ネットワーク（1960）、BASIC言語（1964）、ワープロソフトWord（1981）、他に、カンドー型電気機関車、電話交換システムなど、現代文明に有用なものがたくさん出てきます。また、この他に第一次湾岸戦争時の油田火災消火装置があり、最近では「酸素水」や「赤ちゃんポスト」などもあります。

　自殺が伝統的に多いのも特徴の一つでしたが、近年は10位前後で、日本の方が上位にあります。ちなみに、2008年のWHOの統計では人口10万人あたりでハンガリーは21.5人で10位、日本は25.8人の5位。1位は30.7人のリトアニアでした。日本より上位の国々はすべて旧ソ連領内の国家で、かつては旧ハプスブルク帝国領内にあった国々は自殺率が高いなどと言われていましたが、現在は10位から20位あたりを占めていることが多いようです。

　自殺率と宗教の関係もなかなかはっきりした因果関係が見出せませんが、ハンガリーの宗教の内訳は、カトリック約67.5％、カルビン派約20％、

71

ルター派約５％、ユダヤ教0.2％などです。カトリック人口が多い割には自殺件数が多いという点でも目立っているかもしれません。

3　ハンガリーの歴史

　896年にマジャル人がハンガリー盆地に移住してきて以来の出来事を略年表としてまとめました。

896年頃　マジャル人、ハンガリー盆地に進出。いわゆる「征服定住」

975年　アールパード朝ゲーザ公、キリスト教に改宗

1000年　イシュトヴァーン１世に王冠授与

1241－42年　モンゴル来襲：ハンガリーの伝統文化は壊滅的影響を被る

1526年　モハーチの戦いでオスマントルコに敗北（オスマントルコ支配〜1699年）

1699年　カルロヴィッツ条約によりハプスブルク家がトルコより旧ハンガリー領を獲得

1703－11年　ラーコーツィ・フェレンツ２世の対ハプスブルク解放戦争

1711－1919年　ハプスブルク家の支配

1740－1780年　マリア＝テレジアの統治

1848年　市民革命とその挫折（1848年革命）

1848－1919年　フランツ・ヨーゼフの統治

1867年　「妥協」によりオーストリー・ハンガリー二重君主国となる

1918年　市民革命（秋薔薇革命）

1919年　ハンガリー・タナーチ（ソヴィエト）共和国樹立宣言

1920年　ホルティ軍事政権、トリアノン条約：領土が３分の１に縮小。ハンガリー人の人口の約半数が領土の外に取り残される形になる

1940年　三国同盟に加盟

1945年　ソ連軍、ブダペストをドイツから「解放」、「社会のソヴィエト化」

1948－53年　スターリニスト・テロルの時代「ラーコシ専制」

1956年　ハンガリー事件～「カーダール時代」

1989年　体制転換：ナジ・イムレの名誉回復。プロレタリア独裁放棄。国名を「ハンガリー共和国」に変更

1999　NATO加盟

2004　EU加盟

ハンガリー人は9世紀にカルパチア盆地にやってきて定住しました。この盆地は地図で見ると分かるようにヨーロッパのほぼ中央に位置し、ドナウ川流域ということもあり、東西の交通の要衝でもあります。そのため、ローマ帝国の防人のような形で定住した後も蒙古（タタール）やオスマントルコ、オーストリア、ドイツ、ソヴィエト連邦と様々な国から征服され、政治的に干渉され、独立を奪われたりしながらも、今日まで存続してきました。

なお、この年表にはありませんが、14世紀から15世紀前半は周辺の諸王国と同君連合を結んで中央ヨーロッパの強国となり、ハンガリーの歴史上最大の版図を有し、文化的にも発展しました。

オスマントルコの支配は人頭税を課すものだったため、この時期のハンガリーは人口が減少していますが、その後、オーストリア帝国の支配に代わってからは、特に小麦をはじめ農産物の生産を担っていたため、国力をつけ始めます。

フランス革命の余波を受けた形で勃発した1848年革命は失敗に終わりますが、その後1867年の「妥協」により、オーストリア＝ハンガリー二重君主国という形で自治権を獲得します。ここからの発展にユダヤ人中産階級の呼び込みが功を奏したことはすでに述べました。この国力をつけてきたハンガリーの存在はヨーロッパ中から関心を集めるようになり、音楽家た

ちの想像力を刺激したりもしました。ブラームスの「ハンガリー舞曲」や
サラサーテの「ツィゴイネルワイゼン」などはその代表的なものです。た
だし、これらはハンガリーの民族音楽ではなく、ハンガリーのレストラン
等で演奏するジプシー（ロマ）の音楽に触発されて作曲されたものでした。

　とはいえ、ロマ文化もまたハンガリー文化の一部です。日本にも何度か
来日しているヴァイオリニスト、ロビー・ラカトシュのCDは入手しやす
いと思いますので、是非一度お聴きになってみてください。その超絶技巧
には驚かずにはいられません。グラモフォンから出ている『ラカトシュ』
がおすすめです。（それから、ジャズの歴史のところで最後に挙げたCDの
アラダー・ペゲ（1936－2006）はハンガリーのロマ出身の世界的名ベーシ
ストです。）

　さて、19世紀末から二重君主国体制が終わる1918年までの時期はハンガ
リーにはヨーロッパのあらゆる思想が入ってきましたし、また、国内にも
優れた指導的知識人たちが育っていましたので、ハンガリーの知識人社会
は一種の知的沸騰状態にあったと言えます。先にもみたようにこの時期に
ブダペストで知的洗礼を受けた若者たちが後に様々な分野で世界的な活躍
をするようになるわけです。

　第二次大戦後の社会主義時代はソ連の支配下で1956年に自由主義陣営に
加わろうとして叩かれますが、これが「ハンガリー事件」です。（この事
件から50年を過ぎてようやく、ハンガリー政府によりこの事件が自由を求
める「革命」であったとの位置づけがなされました。）

　その後のハンガリーは社会主義陣営の中でソ連とのバランスをうまくと
りながら、世界に先駆けて社会主義市場経済体制を徐々に推し進めていき
ます。ちなみに中国の社会主義市場経済はかつてのハンガリーに範を求め
たものです。

　1989年の体制転換でハンガリーはそれまでの社会主義一党独裁体制に終
止符を打ち、1999年にNATO加盟、2004年にEU加盟を果たし、現在は自
由主義経済体制を基礎にした共和制をとっています。つまり、いわゆる自

由主義ヨーロッパ諸国家の一員になっています。

4　言語

　言語はハンガリー語でウラル語族フィン・ウゴル諸語に属しています。同グループ言語としては、フィンランド語やエストニア語など。系統として最も近いのはマンシ語（ヴォグル語）、ハンティ語（オスチャーク語）です。また、アルタイ諸語のトルコ語も近いところがあります。

　文法的には先にも述べたとおり膠着語で、単語の後ろに接続する接尾辞の変化により格を表わしますので、感覚的には日本語の語順で頭に浮かんだ単語を並べても、接尾辞さえしっかりしていればそれなりに意味が通じるところがあります。しかし、動詞の人称活用や関係詞といった日本語にない要素も少なくないので、文法書だけを見ると複雑で学習しづらいのも確かです。

　社会主義時代には世界各国からの留学生に１年間ハンガリー語を教える教育機関がありましたが、そこの先生の話では、毎日同じように授業をしていても、日本人とモンゴル人がハンガリー語をマスターするスピードが速いとのことでした。まあ、どこかで似た言語同士なので、習得に有利な面があるのかもしれません。

　その他で日本人になじみのある特徴としては、氏名を姓名の順に表記することや、住所表記で大きい行政区の単位から順番に書き、番地を最後に書くことなどが挙げられます。

5　民族文化

　民話はシャーマニズムの痕跡をとどめているといわれています。その独特のイメージとしては「アヒルの足の上で廻転する城」とか「天まで届く木」、「鉄の歯をした老婆」あるいは「鉄鼻の老婆」というものがあります。

　音楽はシルクロードのペンタトニック（５音階）圏に属しています。ハンガリーの民族音階（ド、レ、ミ、ソ、ラ）は日本のわらべうたや長野の

追分けと共通しています。また、モンゴルの民謡にも同じようなメロディーのものがあります。日本に来ていた留学生がモンゴルの馬頭琴のコンサートを聴く機会があり、そこで聴いたメロディーがあまりにもハンガリー的だったので思わず懐かしくて涙したと言っていました。モンゴルよりももっとハンガリーに近いオスチャーク（ハンティ）の民謡はもうほとんどハンガリーのそれと区別がつきません。

　こうしたハンガリーの民族音楽を本格的に収集したのが、世界的な作曲家として知られるバルトークとコダーイです。二人とも民謡のモチーフを活かした曲を作っていますが、バルトークのかなり難解な現代曲の中にも、専門家によればハンガリー民謡の要素が含まれているそうです（伊東信宏『バルトーク』中公新書, 1997年）。

　ハンガリーの民俗文化にも興味深いものがたくさんありますが、これらの最も古い形は現ルーマニア領のエルデーイ（トランシルヴァニア）の少数民族であるセーケイ系ハンガリー人の間に豊かに伝承されています。

　なお、ハンガリー南部のモハーチ地方で行なわれている「ブショーヤーラーシュ」というお祭りは仮面をかぶって子どもを驚かせたりするので、つい秋田の「なまはげ」との共通性を想像してしまいますが、これはハンガリーではなくて、南スラブ系住民の祭が起源だそうです。そういえばこの手のお祭りはドイツの田舎にもありますね。こうしたものはキリスト教伝来以前の風習と考えられています。

　ハンガリーやエルデーイでは次のようなものが報告されています。

・「聖霊降臨節」に若者たちから象徴的な王と王妃を選ぶ

・白い喪服を身にまとう地域がある

・葬儀の際に「哭き女（おんな）」が即興で歌う（オスチャークの呪（まじな）い歌が酷似）

・木製の人頭型の墓標：遺体を西向きにしておくと東からの陽の光が頭に当たって蘇る

・太陽が姉である月を妻に迎える物語（エルデーイ）

第 7 章　ハンガリーの文化と歴史

・チャーンゴー人の「鏡見」占い：向かい合わせの鏡の間に水を入れた
　皿を置き蝋燭で鏡に映った水の揺らめきから人の姿や親類の死者を読
　み取って占う

　結構スピリチュアルの「濃い」ものもありますね。「哭き女」というの
は韓国の風習にありますが、ルーツはどうなのでしょう。ハンガリー人は
顔つきだけ見ているとヨーロッパ人と何ら変わらないのですが、DNA分
析によれば、わずかにモンゴロイド特有のアセトアルデヒド脱水素酵素D
型が検出されるそうです。この点から見ても中央アジア起源の民族である
ことは間違いないようですが、こうしたわずかに残る伝承文化や民族音楽
にはどことなく郷愁を誘うものがあります。

　かつて第二次世界大戦前に「ツラン民族圏」という壮大な政治的神話が
語られたことがあります。シルクロード沿いの民族からトルコ、ブルガリ
ア、ハンガリー、フィンランドに至る民族までを全部ツラン民族と考え、
連帯を呼びかけるものでしたが、これも単なる政治神話というだけではな
く、現地調査を実証的に進めていく中で、少なくとも情緒的な根拠は見出
せたのかもしれません。実際、民族音楽学者の小泉文夫はシルクロードの
五音階圏の存在を実証しています（小泉文夫『日本の音―世界のなかの日
本音楽』平凡社ライブラリー, 1994年）。

　少なくとも今日の私たちは、以前よりも格段に交通手段が発達したおか
げで、世界が、そして人びとが意外なところでつながっているということ
を確認する材料には事欠きません。

　今後ともわれわれ各個人が異文化と出合う機会も格段に増えていくで
しょう。

　本章の冒頭に述べたように、1100年ほど前に、私たちと同じようなタイ
プのモンゴロイドの一団＝マジャル族がヨーロッパに移住していったわけ
ですが、これは異文化交流の最たるものだったと言えます。そう思えば、
宗教に関しては一応キリスト教を受け容れたとはいえ、何度も異民族の来

77

襲を受けたにもかかわらず、今日に至るまで伝統文化や生活習慣の一部が
しぶとく残っているのは驚くべきことでしょう。また完全に失われたよう
に見えても、そのなかのあるものは自分でも気がつかないにもかかわらず
人びとの行動を規制しているかもしれません。

　また、別のことも考えてみましょう。仮に今日本人が小松左京の小説『日
本沈没』にあるように、国を失って流浪の民となり、世界各地に離散して
いった場合、どのような困難が待ち受けているでしょうか。そもそもどの
ような覚悟を持てば受け入れてもらえるでしょうか。皆さんで話し合って
みてください。

＊

　本章の最後にハンガリーについて興味を持った人のために、邦語参考文
献を挙げておきます。

・羽場久泥子編著『ハンガリーを知るための47章』（明石書店, 2002年）
・オルトゥタイ『ハンガリー民話集』（岩波文庫, 1996年）
・『読んで旅する世界の歴史と文化中欧－ポーランド・チェコ・スロヴァ
　キア・ハンガリー』（新潮社, 1996年）
・伊東孝之・萩原直・柴宜弘ほか著『東欧を知る辞典』（平凡社, 2001年）
・オルトゥタイ『ハンガリー民話集』徳永康元・石本礼子・岩﨑悦子・
　粢栄美子訳（岩波文庫, 1996年）

第8章 ヘブライズムの正義

1 不正の処罰について

　ヨーロッパがヘレニズムとヘブライズムという二つの文化の衝突と共存あるいは離反から成り立っていることはすでに述べてきましたが、ヘブライズムの最初から存在し、今も脈々と息づいている思想について、ここでもう一度押さえておきたいと思います。

　それが本章で扱う「正義」の観念です。

　ヘブライズムの正義の観念は実にはっきりしています。しかし、現代の欧米の知識人が行なう正義論においてはまったくと言っていいほど議論されていません。ジョン・ロールズの『正義論』（紀伊國屋書店, 2010年）でも、このところハーバード大学の「白熱教室」で人気を博しているサンデル教授の『これからの「正義」の話をしよう』（早川書房, 2010年）でもしかりです。

　それはこの正義が、唯一絶対の神＝正義を掲げ、そこから外れるものはすべて悪だとする立場のそれだからです。ヘブライズムの正義はあまりにも露骨に暴力的な態度をとるため、議論をするのもはばかられるからでしょう。そして、実際アメリカは今日の世界の国々の中でもヘブライズムを最も露骨に体現している国の筆頭にあげられると思います。この意味では私の目にはロールズにもサンデルにも意識下の規制がかかっているように見えます。

　また、20世紀のイデオロギー対立の一方の雄であったソヴィエト連邦もマルクス・レーニン主義による唯一絶対の正義の御旗を立てていましたが、この体制の苛烈さは筆舌に尽くしがたいものがありました。ソ連で共産主義体制の反乱分子として死刑になったり、強制収容所に送られたりして命を落とした者の数は2,000万人、また、共産主義国家全体では1億人近くにのぼるとも言われています。その内訳は次の通りです。

ソ連	死者2,000万
中国	死者6,500万
ヴェトナム	死者100万
北朝鮮	死者200万
カンボジア	死者200万
東欧	死者100万
ラテンアメリカ	死者15万
アフリカ	死者170万
アフガニスタン	死者150万
国際共産主義運動と、政権についてない共産党	死者約1万

（ステファヌ・クルトワ、ニコラ・ヴェルト『共産主義黒書（ソ連篇）』

外川継男訳, 恵雅堂出版, 2001年, 12頁）

　さて、ここで先にイスラム教の理想とする政治体制について述べたことを思い起こしてください。イスラム教ではコーランの学者が専制政治を敷くことが理想とされてきました。イスラム教はヘブライズムへの回帰という側面を持っていますが、その理想を現実に適用するとき、かつてのイランのホメイニ体制のように、しばしば宗教的原理主義ないしは個人崇拝の独裁制という形をとるからです。

　今日の世界ではなお、専制政治や宗教的原理主義を背景に持つ政治権力により、個人の権利や自由の露骨なまでの侵害や制限が行なわれているということも否定できない事実です。

　この意味で、現実に働く力としての正義というもののあり方をとらえる場合には、こうした正義の負の側面からも当然ながら目をそらすわけにはいきません。また、歴史的事実として、人類が正義の名の下に途方もない殺戮を重ねてきたのは確かですし、そのこともまた正義の力の表れであると考えるべきでしょう。

第8章　ヘブライズムの正義

　ふつう人は正義について、それが何かということを明確に述べることはできないのですが、尊くもありがたいものだということだけは、誰もが承知しているのです。こうした正義のもつ「正しさ」にはほとんど神の息吹さえ感じられるほどです。

　ところが、現実の中に登場する正義の姿は、しばしば理想からはほど遠い醜悪な姿をさらけ出すことがあります。それは正義を行使される側にとってはほとんど悪魔の姿として見えているはずです。

　この点については、哲学者の長谷川三千子が次のように指摘しています。

　「正義」といふ概念の内には、たしかに、人を戦ひへとさし向ける、ある必然的な構造がひそんでゐる。いつたいそれは何なのか？―その構造を一口に言つてしまへば、それは「正義とは不正の処罰である」といふ考へ方にほかならない。

（長谷川三千子『正義の喪失』PHP文庫, 2003年, 63頁）

　長谷川はこの「正義とは不正の処罰であり、正義はなされなければならぬ」（長谷川, 前掲書, 64頁）という考え方が一種の「強迫観念」として、ヨーロッパの「正当な戦争」が繰り返される歴史を動かしてきたとみています。

　人は正義については曖昧な観念しか持っていないように見えますが、こと不正となったらそれはここでいう強迫観念になるほど明確に意識されるのです。この意味では長谷川がハンス・ケルゼンの「もし不正が存在しないなら、正義の観念も無意味なものとならざるをえない」（ケルゼン『ヤハウェとゼウスの正義』長尾龍一訳, 木鐸社, 1975年, 3頁）という言葉を引き合いに出す気持ちはわからないこともありません。というのも、不正についてはしばしばそれに対する怒りの感情が伴うため、不正についての強い印象は残るからです。

　もっとも、ここでの問題にしたいのは、本来なら不正に対する復讐の連鎖となるべきところを「処罰」するという点です。つまり、あらためて「処罰」

81

と言うからには、すでにそこに何らかの司法、行政の制度的基盤が存在していることを前提としているのです。このことを例えばヘーゲルは、法の弁証法的発展の一つの契機として「復讐を行う正義ではなく刑罰を行う正義を要求すること」（ヘーゲル『法の哲学』高峯一愚訳, 論創社, 1983年, 96頁）を挙げています。

また、さらに歴史を遡れば、旧約聖書のモーゼが神から授かった十戒に続く「契約の書」において、奴隷の解放や死刑、賠償金の支払いといった具体的な処罰の方法が登場します（『聖書新共同訳』,「出エジプト記」21）。

聖書の正義とは神との契約として聖典に書かれていることにほかならず、したがって、不正はその正義に反することという、これまた見事にわかりやすい根拠を持っています。そこでは不正およびその処罰もまた微に入り細に入り記されています。

いずれにせよ、正義が私的な復讐の段階を脱し、社会的制度の中で刑罰として行われることで新たな段階を迎えるとしたら、次は対国家的段階ということにならざるをえません。そして、そこから先は正当な戦争という新たな暴力の連鎖の中に入り込んでしまうことになるでしょう。実際、この暴力の連鎖は今日の国際社会においても断ち切られることなく続いています。

2　旧約の正義

このように不正の処罰という概念は歴史的な事実の裏付けもあり、強い説得力があります。しかし、気になる点がないわけでもありません。それは、不正をいくら論じても正義にはたどり着けないのではないかという疑問です。

というのも、実際、先のケルゼンの表現をひっくり返して「もし正義が存在しないなら、不正の観念も無意味なものとならざるをえない」と言ったとしてもまた正当な言い方であるように思われるからです。

実際のところ、学問的にはどうであれ、人びとは正義については言葉で

表すことはできなくても、それが何なのかはよく知っています。それは先にも述べたように、人が不正な出来事に対して直ちに怒りを覚えるということだけで十分なのです。

　というのも、いわゆるユダヤ・キリスト教文化圏とイスラム教文化圏、すなわち旧約聖書を聖典とする啓示宗教の文化圏において、正義は実際にはむしろ言葉ではっきりと表されていると言った方がいいからです。

　先ほど不正の処罰ということで「契約の書」にまで遡りましたが、実は旧約聖書における神との契約はすべて正義であり命令の形をとっています。ことさらに法律的な体裁の整った記述を探すまでもなく、そこには正義や不正の処罰、捕虜や奴隷の扱い、そして神の命令としての戦争もすべて克明に記されています。これを宗教の立場を離れて虚心坦懐に読むならば、いくら古代イスラエルのこととは言っても、そこは邪悪と残虐の見本市でしかありません。

　例えばヨシュアに率いられた古代イスラエルによる「エリコの占領」の際の神の命令はこうあります。

　　主はあなたたちにこの町を与えられた。町とその中にあるものは、ことごとく滅ぼし尽くして主にささげよ。

　　　　　　　　　（『聖書新共同訳』「ヨシュア記」6・16-17）

　前章の終わりに述べたように、もしも『日本沈没』のような状況になったとき、難民と化した日本人たちの船がある外国の海岸の街に流れ着いたとします。「神」からこのような絶対的な「命令」があったらどうしますか？考えてみてください。

　　　　　　　　　　　　　　　＊

　聖書によれば、この命を受けて「彼らは、男も女も、若者も老人も、また、牛、羊、ろばに至るまで町にあるものはことごとく剣にかけて滅ぼし尽くした」（同6・21）ことになっています。

また、このとき滅ぼし尽くして得られた金、銀、銅器、鉄器はすべて主にささげる聖なるもので、主の宝物倉に納めねばならず、まかり間違ってもかすめ取ったりしてはならないとされます（同6・18-19）。そして、この禁を破り財貨の一部を盗み取ったアカンは所有物を焼かれ、家族共々皆から石を投げつけられて殺されます。（この石打ちの刑は今もイランやパキスタンなどで行なわれています。亭主以外の男性と不倫をはたらいた女性に対して、その下半身を地中に埋めて動けない状態にして、人びとが次々と石を投げつけ、長ければ3日ほど時間をかけて殺すというものです。）

　さて、そうかと思うと、エリコの次にイスラエルが主の命令により征服したアイではエリコと同様に全住民1万2,000人を殺戮しますが、ここではアイの町の家畜と分捕り品は人びとがそれぞれ自分たちのために奪い取ることを認められています（同8・1-29）。

　こうして聖典の記述を見ると、あたかも神は残忍で気まぐれな強盗団の首領さながらです。しかし、啓示宗教ではこの神は唯一絶対の創造神であり、その神が命じることは絶対の正義なのです。

　例えば内村鑑三はこれを文字通り正義ととらえることはなく、「神の子が人類の罪を負い十字架に死にたまいし以後の今日、ヨシュアが取りし手段方法をとる必要は全然ない。ヨシュア記は霊戦記として読むべきである」（『内村鑑三聖書注解全集』第三巻, 教文館, 1961年（昭和36年), 9頁）と述べています。その解釈は確かにイエスの登場した新約以後の状況とあわせて考えるという今日的な解釈としては決して間違っていないとは思いますが、さすがにキリスト者としては旧約聖書を無効化するわけにはいかないようです。

　他方でこのヨシュア記について内村はこうも述べています。

　　キリスト信者であって軍事に従事する者は喜んでこの書を読む。これはクロンウェル［クロムウェル］の特愛の書であった。彼はみずから英

国につかわされしヨシュアであると思い、その敵を剿滅するにあたって、ヨシュアが取りし道を取った。　　　　　　　　　　（内村鑑三, 同書, 7頁）

　いざ戦時となれば、この旧約の正義は今日でもただちに発動すると考えておいた方がいいでしょう。実際、今日でも世界中のいたるところで起こっている残虐非道な振る舞いは旧約の正義を地で行くものばかりだからです。

3　法的正義の現在

　旧約の正義が一旦発動してしまうと、エリコやアイの町のように完璧に滅ぼし尽くされてしまいます。アイに至っては焼き払われ、廃墟の丘として打ち捨てられています（「ヨシュア記」8・28）。

　クロムウェルが国王ジェームス1世を公開処刑したことの背景にも、ヨシュアがアイの王を処刑し、その亡骸を木に掛けてさらし、門の入り口に投げ捨てたという聖書の記述が意識されているのかもしれません。

　しかし、さすがにこのような宗教をめぐる戦いに巻き込まれると、国家さえも滅びかねないという危機感から生まれてきたのが、近代の宗教的寛容という思想です。カトリックとプロテスタントの戦闘により、全国民の人口が3分の1に減少したといわれるドイツの30年戦争といった経験を経て生み出されてきた近代市民社会の流儀です。

　宗教的寛容から派生する信教の自由とは、国民の信仰の自由というよりも、第一義的には信仰を家庭や個人の領域にとどめ、宗教が国家の運営に干渉することを排除するのが狙いなのです。

　さらに、戦闘時には非戦闘員を攻撃してはならないという有名な1899年のハーグ陸戦条約の取り決めも、「全住民をすべて殺すべし」という神の命令の発動を抑えるために考え出されたものとみることができます。

　近代市民社会の法はこうした国家存亡の危機を背景に生まれてきたため、宗教とは関わりなく、法が法規範の中だけで自己原因的に正当性を保

障する体系を作ろうとしてきました。万人に備わった理性によって法を発見し、構築していくという姿勢は、近代自然法以来今日に至るまで一貫しています。

こうしてみると、現代の法理論の課題は、旧約の神の正義への言及を禁じながら、形而上学的な善の観念を保ちつつ、できる限り法が法に基づいて自動的に公正な法律判断が出てくるようなシステムを構築するということになるでしょう。

ただし、この知的営為は形而上学的な善の存在を前提にする以上、どうしても自身の信仰と向き合わざるをえず、そこで旧約の神の声に耳を傾けることを自ら禁じたままでは、少なくとも啓示宗教的文化圏においては根本的に無理が生じてくると思われます。つまり、自らの神を学問上の暗黙の約束事として自己の意識下に覆い隠していることで、学問は根本的な善の追求までをもおろそかにしてしまうという代償を払うことになりかねません。

事実、今日広く行われている正義論のほとんどが近代以降の国際社会の非道な残虐さをとりあげることなく、ときには机上の知的遊戯に終始しているように見えるのはこのためではないかと疑われます。

4 「正義」の現実の姿

新大陸やカリブ海の島々でのエリコやアイはほとんど2,000万人に近い犠牲者をもたらし（ラス・カサス『インディアスの破壊についての簡潔な報告』岩波文庫, 1976年）、その代わりにアフリカから連れてこられた奴隷も19世紀後半まで解放されませんでした。

その奴隷解放宣言を出したリンカーンは、これに前後してダコタ族の討伐命令を出し、その処刑まで命じています。

ダコタ族から土地を取り上げた代償の食料品などが粗悪だったため、「怒ったダコタ族が決起すると、待ってましたと騎兵隊が殺到して全滅させた」（髙山正之『偏見自在偉人リンカーンは奴隷好き』新潮社, 2010年,

87頁）そうです。

　このときの裁判は5分で結審、300人のダコタ族に死刑判決が下されましたが、リンカーンはそれを支持しています。リンカーンは伝記によると確か有能な弁護士だったはずですが、法律家としての能力の使い方を間違っていたようです。

　20世紀に入っても虐殺されていたのがオーストラリアの原住民「アボリジニ」で、スポーツハンティングの対象にされ、1928年のニューサウスウェールズ州図書館の記録に獲物としての数が「アボリジニ、17人」と記されているといいます（降旗学『残酷な楽園』小学館, 1997年, 46頁）。

　現在のアボリジニの人口は46万人とされていますが、オーストラリアが流刑地となる18世紀以前にどれくらいの人口があったのかということについては、オーストラリア政府がその数字をできるだけ少なく見積もろうとしていることもあり、諸説（下は30万から上は600万という数字まで）が錯綜しています。ただ、タスマニアのアボリジニが絶滅させられたことは確かで、最後の30人ほどのアボリジニは孤島に連れて行かれ餓死させられました。

　第二次大戦後になっても、ソ連によってシベリアに抑留され強制労働に従事させられた日本人は100万人を超えますが、これは20世紀の奴隷制にほかなりません。実際、連合国側の他の国々も当時のソ連のあまりの露骨さに呆れたと言われています。19世紀半ば過ぎまで帝政ロシアに農奴制が残っていた国ならではの発想だったのかもしれませんが、イギリスとフランスにおいては、農奴制は中世までの話ですから、驚いたのも無理のない話でしょう。ただし、その英仏の場合でも植民地における原住民の扱いが奴隷以下だったことは棚に上げていたわけですが。

　今日の世界各地の戦闘も、ハーグ陸戦条約を無視して民間人を殺戮することは相変わらず繰り返されています。また、アメリカ軍のグァンタナモ米軍基地での捕虜の扱いがあまりにも非人道的だったことも明るみに出てきています。

こうした惨事にはすべて旧約の神の正義が刻印されていて、残念ながらこれを内面的に制御し克服する道を人類は未だ発見していないように見えます。

　この点で旧約にとらわれる必要のないいわゆる「無宗教」的日本人にとっては、この状況を多少なりとも客観的に見ることができるのは一つの強みでしょう。少なくとも相手の出方については予想を立てることができます。しかし、正義の名のもとに行なう残虐な振る舞いの引力圏から日本人だけが免れていると考えるわけにはいきません。われわれにはまた独特の暴力の発露する形態があります。この点についてはまた12章で触れることにしましょう。

<table>
<tr><td>第9章</td><td>同じこと、変わらないこと</td></tr>
</table>

1　人間は愚かさにおいて共通している

　今までは文化の違いについて述べてきました。世界には無数の人びとがいて、様々な文化や宗教があり、偏見や誤解に満ちています。その違いにだけ目を向けていると、異文化理解そのものが成り立つのかどうか心配になってくるほどです。

　しかし、それにもかかわらず、至誠は天に通じるのでしょうか、異文化間での人びとの意志の疎通は可能ですし、交通手段の発達によりますます狭くなった世界では、異文化間交流はいよいよ盛んになるばかりです。そこでの人びとは異文化間交流を通じて文化の壁をあっさりと乗り越えているという事実があります。

　異文化の壁を乗り越える鍵は、お互いの違いを認め合いながら、それにもかかわらず互いに共通する点を見出すことでしょう。そして、その共通点はやはり同じ人間である以上（歯の浮くような表現で恐縮ですが）、どこかに見つかるはずです。

　この章ではこれまでとは趣を変えて、どこの地域の人びとにも共通する特徴に注目してみます。と言っても、ここで人間の美しさや善良さ、あるいは人間の理性というようなところに注目するのは、美学や倫理学あるいは哲学におまかせします。この方面は学問的に追究すればするほど、正しい解答に近づくのかもしれませんが、常人の理解の及ばない理屈の世界に入り込んでしまう傾向があるからです。

　そこで、ここではむしろ人間の愚かさに注目したいと思います。愚かさこそは人類に共通する特徴であり、他人の愚かさとともに自分の愚かさにも気がつくことで、人びとが陥りがちな危険からお互いに身を守ることができるようになります。

89

愚かさに事前に気がつくためには、その愚かさを「笑い」に変えることが必要です。自分のことは笑えないという程度ではいけません。自分の愚かさを笑えるということは、自分を客観的に見ることができているわけで、その時点ですでに愚かさから抜け出ていることになるからです。

これとは逆に、真善美はみんなそうなのですが、これまで見てきた「正義」などは追求すればするほど生真面目になって「笑い」からますます遠くなります。ましてヘブライズムの正義の本質が「応報」や「不正の処罰」であるとすれば、もはや当事者たちは笑ってなどいられなくなります。

2　合理的ではない人間行動

こういう問題が出てきたのは、実は人間の行動が必ずしも合理的でないことに気がついた経済学者たちの研究によります。近代経済学は、人間が常に経済的に合理的な行動をとるという前提に立って理論を構築してきました。これを合理的経済人モデルといいます。

しかし、ゲーム理論や社会心理学の実験結果から得られる人間行動のパターンは、それまで考えられてきた合理的経済人モデルのそれとはずいぶん異なるものでした。

まずは有名な「囚人のジレンマ」実験を見てみましょう。

ある事件の容疑者としてA、Bの二人が逮捕され、検事の取り調べを受けています。検事はA、Bを別々の部屋で取り調べ、それぞれに次のように言います。

「自白しろ。おまえが自白して、あいつが黙秘すれば、おまえは捜査に協力したのだから情状酌量で不起訴処分にしてやろう。あいつは懲役10年だ。あいつが自白しておまえが黙秘すればその逆。二人とも黙秘すれば、別件の微罪で二人とも懲役１年。ただし二人とも自白したら、情状酌量の余地ありということで懲役は５年ずつだ。」

第9章　同じこと、変わらないこと

　このことが利得として表に示されています。数字は懲役の年数ですが、不効用をもたらすのでマイナスをつけてあります。（　）内の左の数字はAの、右の数字はBの効用を表しています。

　さて、論理的に考えたとき、この容疑者A、Bはどうすればいいでしょうか。

［表］

		B	
		黙秘	自白
A	黙秘	（−1，−1）	（−10，　0）
	自白	（　0，−10）	（−5，−5）

＊（　）内はそれぞれ（A、B）の行動

　これはアメリカの司法取引制度を元にして設定されていますので、日本ではこれは憲法違反になります（ちなみに、かつての田中角栄裁判はこの司法取引によるコーチャン証言を証拠採用した上に、裁判官が刑事被告人の反対尋問を却下して物議をかもしましたが、最高裁判決を待たずに本人が亡くなってしまいました。一番安堵したのは司法関係者でしょう）。

　さて、この場合、論理的・合理的な行動としてはA、Bともに相手に協力して黙秘するよりも、自白してしまうという非協力的行動をとらざるをえません。つまり、自分が相手を裏切って自白した場合、この表から見ても分かるとおり、無罪か懲役5年になりますが、協力して黙秘し続けると最低でも1年の懲役で、相手が裏切った場合は懲役10年ということになるからです。

　ところが、実際に多くの人びとを対象にシミュレーション実験をしてみると、およそ30〜70％の人が黙秘という協力行動を選択することが分かっています。皆さんの場合はどうしますか？

＊

　どうも少なからぬ人が黙秘するようですが、それは人間が常に合理的に

91

行動するわけではないということを意味しているのでしょうか。

次に、この論理と同じ仕組みで設定された実験例をみてみましょう。

> 　実験の参加者は、実験参加のお礼としてまず一人500円を受け取り
> ます。実験参加者は次に、この500円を、誰かわからないもう一人の
> 参加者に渡すかどうかを決めなければなりません。相手も同じように
> 自分の500円を参加者に渡すかどうかを決めます。参加者が自分の500
> 円を相手に渡すと、相手は1,000円を実験者から受け取ります。同様に、
> 相手が500円を渡してくれれば、参加者は1,000円を実験者から受け取
> ります。
>
> （山岸俊男『社会的ジレンマ』PHP新書, 2000年, 54頁）

　さて、あなたが実験に参加したら、どういう行動をとりますか。周囲の
人とも話し合ってみてください。

＊

　この問題について、先ほどの囚人のジレンマの関係に置き換えて同様の
表を作ると次のようになります。ここでは500円渡すのが協力行動、渡さ
ないのが非協力行動です。

		B	
		500円渡す	500円渡さない
A	500円渡す	(1,000, 1,000)	(0, 1,500)
	500円渡さない	(1,500, 0)	(500, 500)

＊　（　）内はそれぞれ（A、B）の利益。単位は円

　この場合、500円渡すという協力行動を選ぶ人の割合は山岸先生の実験
では56％だったそうです。ということは44％の人は500円を自分のものに
しておいたことになりますが、この実験は世界中で行なわれていて、協力

92

行動を選ぶ人の比率はおおむね3割から6割のあいだに落ち着くそうです（前掲書, 56頁）。

では次に、この実験が1回で終わらず、何度も継続して繰り返されるとしたら、あなたはどんな戦略で臨みますか？ちなみにこの実験では、参加者同士は互いに顔を合わせることがなく、実験者にもどの参加者が500円を相手に渡したのか分からないようになっていることとします。

＊

これについてはR. アクセルロッドがゲーム理論家たちに呼びかけて戦略プログラムを募集してコンピュータ・シミュレーションによるトーナメントを行なっていますが、そこで常に優勝をおさめたのは単純に相手が協力行動をとってくれたら自分も協力するという「応報戦略」でした。また、自分から進んで非協力行動をとらない「好ましい戦略」は、相手に付け込むことを目指した「きたない」戦略よりも概して良い成績をおさめたそうです（前掲書, 67頁）。

こういう実験結果を見ると、人間には見知らぬ他人に対しても協力的で利他的な行動パターンがある程度備わっていて、さらに嬉しいことには、利己的で狡猾に立ち回ろうとする戦略家よりも、単純に贈答に返礼を欠かさない「いい人」が高い利益まで得られるという幸せな物語が導かれそうな気がしてきます。

3　行動経済学の展開

非合理的な利他的行動のほかにも、人間が合理的な生き物でないということについては、行動経済学の分野でさらに追求されていきました。次に見るのはトヴェルスキーとカーネマンの有名な実験です。

被験者に次のような質問をしました。

> 1．小説の4ページ分（約2,000語）の中に7文字の単語で末尾がing
>   で終わるものはいくつあると思うか。
> 2．小説の4ページ分（約2,000語）の中に7文字の単語で6番目がn
>   のものはいくつあると思うか。

　回答の平均は①では13.4個、②では4.7個でした。

　この回答からどんなことが考えられますか（友野典男『行動経済学』光
文社新書，2006年，69頁）。

＊

　論理的には-ent,-ant,-ongなどで終わる7文字の単語グループの中に-ing
で終わる単語が含まれているはずですから、その点に気がつけば②の方が
大きな数字になるはずですが、そうなっていません。

　これはおそらく-ingが動詞の変化形を含むため、「思い浮かべやすい」と
いうことに引きずられたための結果だと思われます。ときにはこうして合
理的思考を妨げるような利用可能性のことを行動経済学では「ヒューリス
ティク」と呼んでいます。

　次の問題のようなヒューリスティクもあります。

> 　ノートと鉛筆を買ったところ合計110円で、ノートが鉛筆よりも100
> 円高かった。鉛筆はいくらか。

　この場合、多くの人は鉛筆は10円だという答えを出しますが、どうして
でしょうか（友野典男，前掲書，100頁）。

＊

　小学生の算数の問題ですが、結構多くの人が間違ってしまいます。正解
は鉛筆が5円でノートは105円です。そうでないと合計110円になりません

よね。もっとも、ここでの問題はなぜ間違うのかということを考えてもらうことにあります。

そうです。ここでは〈計算のしやすさ〉が落とし穴なのです。

行動経済学からはもう一つ例を出しておきます。

「クネッチとシンデンによる実験」

実験の参加者の半数ずつに、抽選券か2ドルの現金を与え、抽選券と2ドルとの取引の機会を設けた。

（友野典男, 前掲書, 148頁）

この取引を実際に行なった者はほとんどいませんでした。理由を考えてみてください。

＊

抽選券は「ウィーン、プラハ、ブダペスト中欧10日間の旅：ペア招待券」が当たることにしましょうか。2ドルというのも1,000円にしておきましょう。たとえば教室の黒板に向かって右側の人たちは抽選券、左側の人たちは1,000円をここでそれぞれもらったと想像してみてください。抽選券をもらった人は1,000円と交換したいと思いますか？また、1,000円をもらった人は抽選券と交換したいと思いますか？

ふつう、2〜3人はそういう人がいるのですが、多数派にはなりません。これは「保有効果」と呼ばれていて「人びとがあるものや状態を実際に所有している場合には、それを持っていない場合よりもそのものを高く評価すること」（友野典男, 前掲書, 146頁）をいいます。

4 超ヤバい経済学

それにしても、社会心理学や行動経済学が言うように、思いやりに満ちた利他的行動が人間に生まれつき備わっているというのなら、自分も自分

の知人も含めて、現金を詰め込んだ匿名の封筒をもらったことのある人がいるでしょうか？

シカゴ大学の実験経済学者ジョン・リストはそういう疑問を解明するべく、古典的な行動実験に少しずつ現実的な条件を加えてみました（スティーヴン・D. レヴィット＆スティーヴン・J. ダブナー『超ヤバい経済学』東洋経済新報社, 2010年, 150−153頁。ただし渡された「いくらか」の現金をここでは10ドルに設定しました）。

これは古典的な独裁者ゲームとも呼ばれる実験です。お金を分けるようにと言われるグループを第1のプレーヤー、受け取る側のグループを第2のプレーヤーとします。これをそれぞれA、Bとします。Aの行為をBは受け容れなければならず、拒否したり反抗したりできないことになっています。

《実験例1》Aは10ドル渡され、その場に100人いる中の見知らぬBとお金を分けるようにと言われました。Aはお金を自分の分として全額手元に置いてもいいし、一部あるいは全部をBに渡してもよいことにします。全体としてはどういう結果になったでしょう。

これまでの先行研究のデータどおり70％のAがBにお金を渡し、その総額は全体の約25％でした。

ここでAはBに好きな額を渡してもいいことは同じですが、「もしそうしたいのなら、Bから1ドル巻き上げてもいい」という条件を付け加えました。それが次の実験例2です。

第9章　同じこと、変わらないこと

《実験例2》Aは10ドル渡され、その場に100人いる中の見知らぬBと
お金を分けるようにと言われました。お金は自分の分として全額手元
に置いてもいいし、一部あるいは全部をBに渡してもよいことにしま
す。ただし、もしそうしたければ、Bから1ドル巻き上げてもいいと
します。（お金を巻き上げられるBは一切抵抗をしないものとします）。

　すると、Bにお金を渡したAは35％に減少し、45％のAはお金を渡しま
せんでした。そして、20％のAはBから1ドル巻き上げました。新たな条
件に反応したAが20％いたわけです。
　実験はさらに続きます。全員の支給額が10ドルだということが分かり、
さらに奪っていいお金の上限が10ドルまで上がります。これが次の例3で
す。

《実験例3》Aは10ドル渡され、その場にいるBも10ドルをもらってい
ると告げられます。あなたはBのお金の一部または全部を奪い取って
もいいし、あるいはもらったお金の一部あるいは全部をBに渡しても
いいとします。

　この結果は、相手にお金を上げたAが10％、相手からいくらかでもお金
を巻き上げたAは60％以上で、40％のAはBの全額を奪い取ってしまいま
した。思いやりに満ちた人びとはたちまちのうちに泥棒集団になってしま
いました。
　リストがこの実験の最後に付け加えた条件は、最初に全員に渡される10
ドルの現金を簡単な袋詰め作業をした対価として与えるようにしたことで
した。

97

《実験例4》実験例3と同様に、Aは見知らぬBのお金の一部または全部を奪い取ってもいいし、もらったお金の一部あるいは全部をBに渡してもいいとします。ただし、実験参加者は30分間簡単な袋詰め作業をした報酬として10ドルが渡され、その後にこの実験に入るものとします。

　この最後の実験例の場合、相手からお金を奪ったAは28％に減少しました。Aの3分の2はBからお金を巻き上げることもせず、お金を渡すこともありませんでした。

　さて、以上の4つの実験例の結果からどんなことが考えられますか。少し考えてみてください。

＊

　おそらく、ある人がお金をいくらか正直に稼ぎ、また別の人が同じように正直に稼いだことを知っている場合、その人は自分が稼いだお金を簡単に手放したりしないし、自分で稼いでいないお金を奪い取ったりもしなくなるのでしょう（レヴィット＆ダブナー, 前掲書, 153頁）。

　おそらくこの最後の実験例4が現実の状況に一番近いと思われます。だからこそ、われわれは見知らぬ誰かに知らないうちに現金を贈られるような経験をしたことがないし、大学の研究室では被験者同士でお金をあげる人も、現実世界で見知らぬ誰かに匿名で現金を贈ったりしないのです。

　ジョン・リストはこの実験結果を発表して以来、行動経済学の分野では「どう見ても一番嫌われてるやつになった」（前掲書, 153頁）と述べていますが、彼の実験のおかげで、人間が神でも悪魔でもなくて、動機付けによって相当に影響を受けやすい生き物だということが明らかになったのは意義深いことだと思います。人間の利他的行動については、それが生得のものではないならば、いよいよもって文化の問題として考えられなければなりません。実際のところ、利他的精神を強調しない文化というものはおそら

第9章　同じこと、変わらないこと

く存在しないでしょうから。

　また、その一方で、人間行動の不合理性に光を当てた行動経済学の功績
もまた評価すべきでしょう。人間の不合理な行動というのは、不合理なり
の規則性や傾向を持っています。その傾向をつかむことは異文化理解と同
じ知の働きが要求されていると考えられます。

　行動経済学者のダン・アリエリーは著書『不合理だからすべてうまくい
く』（早川書房, 2010年）でこう述べています。

　　まず、完全に合理的であろうとするよりも、自分のためになる不完全
　な面を大切にし、克服すべき面を明らかにする必要があるということ。
　そしてそのうえで、わたしたちのとてつもない能力を活用するとともに、
　限界を克服するような方法で、身の回りの世界を設計すべきだというこ
　とだ。わたしたちは、事故から身を守るためにシートベルトを締めたり、
　身体を冷やさないようにコートを着たりする。それと同じで、自分の思
　考力や判断力についても、限界を知っておかなくてはならない。

（385－386頁）

　これはわれわれが異文化に対して取る態度とほとんど重なっていると
言っていいでしょう。文化自体が不合理のかたまりのようなものですから。

【参考文献】
ダニエル・カーネマン著、村井章子（訳）『ファスト＆スロー（上）（下）あなた
　の意思はどのように決まるか？』、ハヤカワ・ノンフィクション文庫、2014年

第10章	「弱さ」とネットワーク

1 優勝劣敗モデルの行き詰まり

　前章では利他的行動が残念ながら人間の本能ではないということに触れましたが、別に人間の本性が邪悪一辺倒だと言うつもりではありません。むしろ人間は条件や動機付け次第でいつでも神にも悪魔にもなりうるということでしょう。そして、そうした事実そのものが人間の弱さの現れだと考えることができます。

　われわれはできればこうした弱さを克服し、強くなることを望みたいところですが、正義を旗印に強くなるという人間モデルは、われわれの正義の認識に欠陥があるためか、容易に悪魔の力に転換してしまいます。正義を旗印にした世界の残虐さについてはすでに見てきたとおりで、そのことは何も西洋世界に限ったことではありません。

　また、今日の市場経済における自由競争の結果、そこには勝者と敗者が生まれてきます。経済的格差が生じるのは避けがたいところがあります。ここ10年くらいの間に、わが国では社会的格差が広がったと言われるようになりました。実際、社会保障費は次々と削られてきていますし、いわゆる経済的、社会的弱者にとっては、ますます生きづらい世の中になってきました。

　相変わらず社会全体は強者の方向ばかりを向いており、強者中心の価値観が行き渡っています。実は学校教育機関でも、そもそも強者の仲間入りをするための教育というのが露骨すぎるなら、少なくとも弱者にならないようにプレッシャーを与える教育が長らく行なわれてきました。

　もちろん、この考えは決して悪いわけではありません。とりあえず若者がマフィアの一員になって人を襲おうなどと思わずに、学歴をパスポートにしてとにかく給与所得者になろうという考えをもつことは、わが国の安

全と知的レベルの確保にずいぶん貢献してきたからです。

　ただ問題は、自分が弱者となったときにどうするかということが不明だということです。そして、その問題は社会全体でも共有されていません。いわゆる弱者に優しくというのは強者の立場ですが、それでは優しさを与えられ、救いの手をさしのべられる側の弱者としては、この事態をどう理解し、どんな態度をとったらいいのでしょう。

2　弱者の持つ意味

　ここでちょっと考えてみてましょう。次の三つのタイプの人生を想像してみてください。どれもさしあたり90歳まで長生きしたと仮定します。

　1）一生涯をずっと「勝者」としての人生を歩む人とはどんな人でしょう。その人物の生まれてから亡くなるまでの人生をできるだけ具体的に時系列に沿って描き出してみてください。

　2）一生涯をずっと「敗者」としての人生を歩む人とはどんな人でしょう。その人物の生まれてから亡くなるまでの人生をできるだけ具体的に時系列に沿って描き出してみてください。

　3）一生涯をずっと徹底して「ほどほど」の人生を歩む人とはどんな人でしょう。その人物の生まれてから亡くなるまでの人生をできるだけ具体的に時系列に沿って描き出してみてください。

　そもそも90歳まで長生きするのですから。その点ではどの人も勝者かもしれません。しかし、三つのタイプとも人生において勝負を挑み続けた結果だとしたら、それぞれどのようなキャラクターになると想像されますか？

＊

　実際どんな人でも生まれてから死ぬまで一貫して強者であり続けること

はできません。そもそも赤ん坊からして弱者ですし、不慮の事故で肢体が不自由となることもありますし、誰でも加齢とともに確実に身体機能は衰えていきます。学校では「落ちこぼれ」があり、社会では「就職難民」や、かつての流行語では「負け組」がいます。いずれにせよ、どんな人でも人生のどこかで必ず弱者になります。

　実は、弱者にはその弱さゆえの利点もあります。われわれは困り切って途方に暮れている弱者を目にしたら、少なくとも心の中ではその人を放ってはおけません。ときにわが身の危険もかえりみず、ただちに助けてくれる人も少なくありません。すなわち人間の「弱さ」には、他人の善意を呼び込み、さらにはそこに自然発生的なネットワークを形作るはたらきがあるのです。

　たとえばボランティアなどは、まさしくそうした弱者を中心にしたネットワークによって成り立っています。金子郁容の名著『ボランティア』（岩波新書, 1992年）にはこうあります。

　　ボランティアは、まず、自分から動くことで、自らをバルネラブル［弱くて傷つきやすい状態］にする。しかし、まず、自分から動くことが、『ふさわしい場所』を空けておくことにもなるのである。つまり、バルネラブルであるということは、弱さ、攻撃されやすさ、傷つきやすさであるとともに、相手から力をもらうための『窓』を開けるための秘密の鍵でもあるのだ。バルネラビリティは、弱さの強さであり、それゆえの不思議な魅力があるのだ（125頁）。

自分が弱さを持っていることで周囲の人びとから助けてもらった経験のある人は実感できると思いますが、自分のまわりに緊密なネットワークが作られ、それが見事に稼働しているのを目の当たりにすると、助けられている本人は、周囲の人びとに感謝するのは当然のことなのですが、同時に何か自分の弱さが人びとに幸せを与えているような「不思議な感覚」にと

られます。

　極端な言い方をすれば、弱者は他人に「人助けの機会」を与えるという意味では、助けてくれる人と対等な立場にいるのです。少なくとも自身の弱さを開示したからと言って、卑屈になる必要はありません。まずは自分の弱さを開示して、それから堂々と助けられてしかるべきです。

　そして、その弱者を助ける人もまたそのことで「弱さ」すなわちここでいうバルネラビリティを抱え込むことになります。弱者に関わることを通じて自らの存在も弱く傷つきやすい立場に置くことで、さらに見知らぬ人からの意外な助けが得られるという形で、この「弱さ」のネットワークは次々と広がりながら機能していきます。

　この意味で、弱者は自身の周囲にネットワークを形成するというネットワーカーです。助けに入った周囲の人はこのネットワーカーにより「不思議な魅力のある関係性がプレゼントされる」（前掲書, 112頁）ことになります。

3　「弱さ」との共存

　どうやら人間の「弱さ」は人間社会に実在する創造性の発揚に密接に関わっているようなのです。われわれは自分のためだけに振る舞っている限り、この秘鑰にあずかることはできません。それどころか肝心の自己の能力も自分の都合で見限ってしまうため、その潜在能力が開発されることもなくなってしまいます。

　この「弱さ」の利点を心得ておくなら、「弱さ」を排除するのではなく、むしろ「弱さ」とどのようにつきあっていくかを考えたほうが得策です。これは他人の「弱さ」だけでなく、自分の「弱さ」についても同様です。この点については内田樹『一人では生きられないのも芸のうち』（文藝春秋, 2008年）から引用しておきます。

　　弱さや邪悪さや愚かさといった人格的要素はそれとして対象的には観

察されている。例えば、『私の弱さ』を私はすみずみまでくまなく観察し、それがどのような場面でどのような『ふるまい方』をするかについて熟知している。

でも、気にしない。

観察するけれど、気にしない。

それが『自分の弱さと共生する』ということである。

『共生する』ことが『愛する』ことの原基的な形態である。

自分自身を愛するというのは、自分自身の中に存在するさまざまな『不快な人格要素』となんとか折り合って暮らしてゆくということである。

隣人を愛するというのも、それといっしょである。(275-276頁)

なるほど「弱さ」の問題は「愛」にもつながっていくようですね。「ボランティア」からのつながりで考えても納得がいくのではないでしょうか。

克服しようと思ってもできないような自分の「弱さ」の存在を認めるのは愉快ではありませんし、それと共存するというのもつらいことですが、現実に人びとは昔からそうして生きてきました。これをマイナスにとらえるのではなくて、かといって開き直るのでもなく、ただそこにあるものとしてつきあっていくと、いい世界が開けてくるのかもしれません。少なくとも他人の気持ちが分かるということについては一段上のレベルに到達することができると思われますが、どうでしょう。

*

もう一つは「愚かさ」についてです。前章をここで補足しておきます。

前章でも触れた山岸俊男『社会的ジレンマ』ですが、合理的でない人間行動の背後に直感的な知恵というべきものが含まれていることも指摘されています。

普通の人びとは合理的にではなく直感的に行動することで、実は社会的ジレンマ問題を解決し、『かしこい』利己主義者よりも大きな利益を

第 10 章　「弱さ」とネットワーク

上げることができたということです。つまり、私たちの『直感的な』判断の中には、社会的ジレンマ問題を解決する方向で私たちを行動させる『かしこさ』が組み込まれている、そしてその『かしこさ』は、経済学者の『かしこさ』よりも社会的ジレンマ問題の解決にとって有効だ、ということです。(77頁)

合理的経済人モデルの不自然さを差し引いても、われわれにほとんど本能的に備わっているこの直感的な（あるいはときに感情的な）知恵の存在には注目しておくべきでしょう。これは具体的には次のような事例です。

> 　ある女性が職場でアクセサリー（時価4,000円程度のもの）を盗まれました。犯人は職場内にいることがはっきりしていて、誰かということもわかっていて、証拠もあります。このとき彼女の取るべき最善の行動は次のどれだと思いますか。
> ア）警察に通報しようと思ったが、4,000円程度のものを取り返すのにかかるコスト（警察に出頭する日の給料の日割り金額や交通費など）を計算すると、8,000円、訴訟に持ち込むと弁護士費用を含めてさらに多大なコストかかるので、そのまま黙って仕事を続ける。
> イ）周りの人たちに「今後何かを盗まれた場合には、いくらその品物が少額で、訴えることが損をするとわかっていても訴える決心をした」と宣言する。
> ウ）怒り心頭に発し、犯人を罰することだけを考えて、後先のことやそれにかかるコストを考えず、ともかく警察に通報する。

　このとき一番感情的になるウ）のパターンが、結果として再犯防止に最も効果的なのですが、この場合の感情の働きの中に、人間が進化の過程の中で身につけてきたある種の知恵の存在が認められるとしています（山岸

105

俊男, 前掲書)

　この感情的で一見愚かに見える行為の中に「かしこさ」を認めるのもいいのですが、人間は本当に愚かな場合ももちろんあるわけで、その一つが、先にも少し触れましたが、自己の能力や適性についての評価です。

　内田樹『街場のメディア論』（光文社新書, 2010年）にはコナン・ドイルやニュートンがそれぞれに自身の能力や適性について判断を誤っていた例が挙げられています。

　コナン・ドイルは「シャーロック・ホームズ」シリーズを注文に応じて仕方なく書いていたに過ぎず、自身の本当の適性と使命はスピリチュアリズム（江原啓之がイギリスに留学したのもこの勉強のため）の伝導にあると信じていたそうですし、ニュートンの自己評価による適性は錬金術と聖書に隠された暗号解読にあるとのことでした。（内田樹, 前掲書, 26頁）

　彼らのような天才でさえ自分の才能については見誤るのですから、凡人のわれわれはひと頃流行った「自分探し」の旅に出たりせずに、運を天に任せてさっさと就職し、言われた仕事を一生懸命にやることが賢明な選択だと言えます。

　というのも、他人からその能力を見込まれて頼まれたときに、人は自分でも思いも寄らない能力を発揮できるからです。内田先生はこのことについて「潜在能力が爆発的に開花するのは、自分のためというよりは、むしろ自分に向かって「この仕事をしてもらいたい」と懇請してくる他者の切迫だ」（前掲書, 24頁）と述べていますが至言だと思います。

　自分の能力を見誤るという愚かさと付き合うためには、「この人ならと頼んでくる」他人の目を信頼することが鍵になるということでしょう。

4　自発的な協働の力

　人と人とが自発的につながっていくところに生まれてくる創造の力には驚くべきものがあります。金子郁容『コミュニティ・ソリューション─ボランタリーな問題解決に向けて』（岩波書店, 1999年）では、指揮者のいな

いオーケストラとして有名な「オルフェウス室内管弦楽団」がとりあげられています。

オーケストラの指揮者というのは、自身の個性的な解釈に基づいた音楽を創るために楽団員を統率するという、かつてのロマン主義の「天才」のような役回りを演じなければなりません。

そのため、指揮者は多かれ少なかれ楽団員たちにとっては独裁者にならざるをえませんが、楽団員が指揮者に統率される中で蓄積されたフラストレーションは、無意識のうちに音に反映して、独特の夾雑物として感じられるようになります。

オルフェウス室内管弦楽団の音は、その指揮者がいないため、それぞれの楽器のパートがそれぞれに個性的で自己を主張しながらも、夾雑物のない、全体として調和した開放感のある音楽世界を作り出すことに成功しています。

金子郁容によると、

　その秘密は、プレーヤーが互いに感じている信頼であり、互いの演奏や意見に耳を傾ける姿勢、そして、それぞれの演奏者が自分のパートだけでなく、曲全体についてビジョンと責任感をもっているということだ。（前掲書, 12頁）

ということになります。これは言葉でいくら言っても分かりません。CDも入手しやすいですし、ぜひとも一度お聴きになってみることをおすすめします。『パッヘルベルのカノン/バロック名曲集』あたりがおすすめです（ちなみに私の講義では学生に聴いてもらうようにしています）。

こうした統率者のいないコミュニティの強みが活かされている別の事例がオープンソースソフトです。その代表的なものがOSのリナックスで、

　リナックスの開発プロセスでは、プログラムのソースコードを含めて

どんな情報も開示する。そればかりでなく、公開されたプログラムを誰がどのように変更しても自由である。そのようにして情報をオープンにすることで、かえって、コミュニティは強さを獲得する。(前掲書, 60頁)

コミュニティに人びとの創造性が集結する仕組みに注目したものとして、ドン・タプスコット、アンソニー・D. ウィリアムズ『ウィキノミクス―マスコラボレーションによる開発・生産の世紀へ』(日経BP社, 2007年)はぜひ読んでおいてください。

なお、こうした人びとの自発的な協働の力を活用するためにはその場をセットし運営する知恵が必要ですが、その点に関しては、オリ・ブラフマン／ロッド・A. ベックストローム『ヒトデはクモよりなぜ強い―21世紀はリーダーなき組織が勝つ』(日経BP社, 2007年)を紹介しておきます。ここでは「触媒」という表現が使われています。

　　他人に純粋な興味を抱く触媒にとっては、ちょっとした付き合いにも大きな意味がある。だからといって、触媒は個人的に親しい友人がいないというわけではない。ただ、親しい友だちに加えて、大勢の知り合いがいるのだ。非常に多くの人を知っているために、触媒でなければ決して紹介することができないような個人と個人を結びつけることができる。(131頁)

人と人をつなぐものは「弱さ」に加えて、この「触媒」のキャラクターのようですが、結局それは次のようなことになります。

　　人の役に立ちたいという欲求は、ただその人の性格がいいということを表わしているわけではない。それは触媒であるための本質的なものなのだ。(133頁)

第 10 章 「弱さ」とネットワーク

そうです。人の役に立ちたいという欲求なのです。この欲求は生得的ではないにしろ、文化の違いにかかわらず、人間が社会的動物である以上は（社会の中で育つ限り）、ほとんど本能的な欲求として存在し続けることでしょう。

5　ネットワーク理論、あるいはこの分かりにくい素晴らしい世界

交通手段により世界が狭くなったことは確かですが、人と人のつながりはどの程度までの広がりを持つのでしょうか。マーク・ブキャナン『複雑な世界、単純な法則─ネットワーク科学の最前線』（草思社, 2005年）によれば、コンピュータの計算能力の飛躍的な発達により、およそ6人の知人を介して世界中がつながると言われています。

　　　この地球上のだれでも、たった六人分、隔たっているだけなんですって……大統領でもヴェネチアのゴンドラ乗りでも……有名人だけじゃないわ、だれとでもなのよ。ジャングルの住民とも、ティエラ・デル・フエゴの島民とも、エスキモーとも。私は六人の人をたどれば、地球上のだれとでもつながるの。すごい考えでしょ。（13頁）

これは、同書で引用されている小説の中の一節ですが、ネットワーク科学の分野では確定された事実です。いずれにしても、人が集まったり、つながったりすることで世の中には何か創造的でわくわくすることが起こってくるように見えます。

　　　われわれが見ているのは、理由は謎だが、あらゆる種類のネットワークににじみ出てくる自然の秩序のようなもので、しかもそれは、個々のネットワークの歴史的経緯の複雑さにはかかわりなく生じるように見える。（同書, 143頁）

109

われわれの住む世界は、複雑でどう変化するかは予想できません。しかし、単純な因果関係では想像もつかない意外なものが、次から次に連鎖して驚きに満ちたものを生み出すことがあります。

　そのあたりの事情については、もはや古典となった感がありますが、M. ミッチェル・ワールドロップ『複雑系―科学革命の震源地・サンタフェ研究所の天才たち―』（新潮文庫, 2000年（平成12年））と、ジェイムズ・グリッグ『カオス―新しい科学をつくる』（新潮文庫, 1991年（平成3年））の2冊を挙げておきます。

　DNAを操作して太古の恐竜を創り出すという、マイケル・クライトン原作のハリウッド映画『ジュラシック・パーク』はこの複雑系にヒントを得ています。ご丁寧にも登場人物の中に複雑系が専門の数学者まで出てきましたので、覚えている人もいるでしょう。

　ここでは最後に『カオス』（新潮文庫, 1991年）から引用しておきます。

　　神は確かに人間相手にサイコロを振っているのだ。だがそのサイコロには、何かが仕込んである。現在の物理学の主な目的とはね、それがどんな法則に従って仕込まれたか、そしてどうすればそれを人間のために利用できるかを突き止めることなんだ。（523頁）

　かつてアインシュタインは「神はサイコロを振らない」と言って量子力学に置いてけぼりを食わされましたが、科学はそのときよりもさらに新たなステージに入っています。科学万能主義はおろかですが、科学に対しては、これを毛嫌いするのでもなく、かといって過度の期待を抱かないような冷静な姿勢が求められます。そういう意味ではこの引用はなかなかいい感じの発言だと思いませんか。

| 第11章 | 日本人の宗教性 |

1 日本の「無宗教」

われわれがよく口にする「無宗教」とは、決してすべての神を否定する「無神論」ではありません。諸外国に入国するときのカードに「宗教」の欄があるときは、「無神論 atheism」とは書かないほうが無難でしょう。

先にも述べたように、日本人は唯一神であろうと、神々であろうと、神様の存在を認めないつもりはありません。われわれの伝統的宗教意識はすでにみたように「やまと教」（ひろさちや）として今日でも根強いものがあるからです。

実際、「無宗教」という言葉がいつごろから使われるようになったのかは不明ですが、おそらく明治時代以降のことでしょう。日本人の伝統的民族宗教が近代西洋文明の背景にあるキリスト教の圧倒的な圧力に屈するまいとして作り出されたのではないでしょうか。哲学者のベルグソンの用語を借りれば「防御的反作用」のようなかたちだったのでしょう。

明治時代以降、わが国は西洋近代文明をすすんで受け容れながらも、キリスト教だけは本格的な受け入れを拒否してきました。キリスト教の信者の数は今でも人口の１％弱だと言われています。「無宗教」にとっての敵もまたキリスト教の「思想」だけに絞られてきました。もっとも、原理的にはキリスト教だけではなく、ユダヤ教もイスラム教も「無宗教」的日本人の肌には合わないはずですが、これまで接することがなかったために、人びとの意識に中に入ってこないだけのことでしょう。

キリスト教の思想さえ受け容れなければ、元々神前で結婚式を挙げて、毎年のように神社に初詣に行き、子どもを七五三に連れて行き、亡くなってからはお寺の世話になるところに、キリスト教の教会での結婚式や、クリスマス、あるいはバレンタインデーが付け加わっても、誰も不思議に思

111

わないでいられるのです。

　ただ、今日のわれわれの「無宗教」の態度のままでは国際社会の中では不都合が生じます。というのも、わが国では「無宗教」であることが〈宗教のような前時代の遺習にとらわれていない自由な知識人〉だという、まるである新聞や雑誌を購読していたら知的な証拠とでもいうような感じでとらえられている節もあるので——そのこと自体がすでに迷信なのですが——、世界の様々な宗教に対する基本的な知識が欠如したままま放置されているからです。

　これが仮にもわれわれが自分の宗教を「やまと教」とでも意識していれば、他宗教に対する敬意を欠くような真似はしなくなるだろうと思われますが、無宗教がインテリの証と考えているようでは、信者を露骨に冷ややかな視線で見下すようなことはないにしても、知らぬ間に差別の眼差しを送るようなことは起こりかねません。

　そのため、この「無宗教」のわれわれが日本から世界へと出ていくと、先にインドネシアの例で見たように、こちらが思いもよらぬトラブルを引き起こすおそれがあります。何より宗教を異にする相手に対して失礼とならないだけの知識をもつことは、今日ではもはや国際的なマナーとして心得ておくべきことでしょう。

2　近代世界のアトム化

　ところで、わが国の「無宗教」の仇敵たるキリスト教とは、絶対的真理のためならば異教徒など虫けらのように殺してもいいと考える、いわゆる原理主義的傾向のある啓典宗教（ユダヤ教、キリスト教、イスラム教）の代表格です。それは歴史的事実だけでなく、今日の世界の各地域で起こる紛争の状況を見てもよくわかります。もちろん、啓典宗教すなわち宗教原理主義なのではなくて、啓典宗教の堕落した形が原理主義なのだということは押さえておかなければなりませんが。

　さらに、このキリスト教文明は西洋において神への信仰が揺らぎ始める

ことと入れ替わるように近代科学文明を発達させました。神への代わりに
人間中心主義的思想が立てられ、政治的には近代市民社会が成立しますが、
それまで世界の中心に位置してあらゆる価値の中心にあったキリスト教の
神様がヒューマニズムにとって代わられたとたん、人間は心の安定を失い
ます。人間は人間そのものよりも高い優れた存在を信仰の対象としてきた
のに、ルネサンス以来のヒューマニズムは、どんなに形を変えてもやはり
人間でしかありません。神様ならではの神々しさに欠けるところがありま
す（この事情は近代国民国家でもさほど変わりません）。

　この点で大きな矛盾の一つは、人間に仕えるべき近代科学の発展が、い
つの間にか核兵器という人類全体を滅ぼして余りあるほどの破壊力を持つ
兵器を作り出してしまったことです。科学の使い方を一歩間違えば、すべ
てが滅んでしまうという事態に至ったにもかかわらず、人類はいっこうに
賢くなっていないように見えます。

　そして、それ以上に深刻な問題は、神への信仰が揺らいできたことにあ
ります。キリスト教文化圏において、人びとがひとたび信じた世界の創造
主から離反することは、彼らの精神に（「無宗教」のわれわれからは想像
もつかないほどの）堕落と罪の意識を植えつけるようになったのです。天
使が堕落すると堕天使という強大な悪魔に変貌してしまうのです。西洋の
近現代の芸術が近代的自我の苦悩から始まり、主体の破壊や、崩壊した自
己意識にまで突き進むのはこれが原因だと言っていいでしょう。

　これは哲学者のベルジャーエフやピカートが「アトム化」と呼んだ現象
で、人間を運命論的絶望の状況に追い込み、物事の内的なつながりを失わ
せ、原子＝アトムのようにバラバラに断片化させることを言います。この
点について詳しくはピカート『神よりの逃走』（坂田徳男・佐野利勝・森
口美津男訳, みすず書房, 1963年）をお読みください。

　絵画や彫刻は写実から離れ、抽象的を通り越して無意味や脱・意味の世
界まで行ってしまいますし、現代音楽は調性やリズムの破壊に行き着き、
フリージャズもその流れを継承しました。小説ではジョイスの『ユリシー

ズ』（集英社, 2003年）などが記念碑的作品でしょう。思想はホルクハイマーやアドルノの近代理性批判にすこしばかり遅れてフランスのポストモダンなどがある意味ですべて同じ不安を訴えているように見えます。

　これらは単に難解なだけではなくて、実際意図的に難解でわけがわからないように作ってありますから、わからなくていいのです。それよりも大事なことはこの手の芸術家や思想家たちの「私の不安と苦悩を分かってくれ」というメッセージを理解することでしょう。そして、それを理解した上で一緒に涙するのもいいし、その本質は浪花節だと見抜いて、彼らに勝手に悩んでいただくのもいいでしょう。

　「無宗教的」日本人なら後者のほうが筋が通った態度だと思われますが、今日でも欧米のインテリに憧れてわかったようなことを言う評論家タイプの人が少なくないのは残念です。

3　壊れた宗教意識としての「無宗教」

　話を元に戻します。

　「無宗教」に少しでも利点があるとすれば、戦争にしろ、テロにしろ、今日世界を吹き荒れるこの宗教原理主義的暴力の嵐に結果的に巻き込まれることはあっても、少なくとも自ら加担することがないことくらいでしょうか。しかし、これはあまり自慢できるようなことではありません。

　というのも、幸か不幸か「無宗教」はこの種の啓典宗教が実は根本的にわかっていないため、途中を素っ飛ばしていきなり宗教原理主義には成れないからです。もちろん、わが国にも原理主義はありますが、当然それは「無宗教」ではありません。

　実は「無宗教」がキリスト教その他の啓典宗教と相容れないのは、「無宗教」そのものではなく、その中に流れ込んでいる先にも述べたように、わが国の伝統的な「やまと教」的宗教意識なのです。「無宗教」自体は単なる反作用にすぎず、中身があるわけではないからです。

　しかし「無宗教」の思想とともに、わが国ではとりわけ、すべての宗教

にとらわれない人間こそが自由な理想的近代人だという通念が支配的になり、今日われわれは内外のすべての宗教に対する感受性を失い、キリスト教のよいところも、わが国の伝統的宗教のよいところも、そのどちらも感知することができなくなってしまいました。

そうしてみると、今日の「無宗教」もまた信仰の一つの形態ではあるものの、どうやらこれもまた信仰の壊れた形態のようです。近代のアトム化の影響が極東のわが国にも多少違った形で及んでいるのかもしれません。

事実、「無宗教」以前のわが国の伝統的宗教意識は人間存在の深奥に通じていました。鈴木大拙の言う「日本的霊性」がそれです。大拙によれば、かつてのわが国の宗教意識の深さはキリスト教やイスラム教の霊性とも、その深い根底で通じ合っていたことがわかります。

4 日本的霊性：禅

「日本的霊性」は世界的な仏教哲学者でもある鈴木大拙の用語で、わが国独特の純粋な深い宗教意識とでもいうような概念です。大拙は、宗教思想史上、日本人が初めてこれに目覚めたのが鎌倉時代であるとし、鎌倉時代の禅宗や法然〜親鸞の浄土宗・浄土真宗にとりわけ高い評価を与えています（鈴木大拙『日本的霊性』岩波文庫, 1972年）。また、江戸時代の三河の禅僧鈴木正三（しょうさん）や真宗の「妙好人」浅原才市を情熱的に紹介しているのも印象的です。

大拙が言う通り、日本的霊性という信仰のあり方は、確かに世界に知らしめるだけの価値があります。それは何かというと、日本的霊性というもののもつ独特の現実性です。

ふつう、物事の本質を究めるとき、人は自己意識を滅却しつつ、その物事がこの世に現れる前の状態、あるいはその物事を生み出すあるものの世界に入ろうとします。それが神であれ仏であれさしあたり何でもいいのですが、そのいわゆる言葉以前の状態へと至るとき、それまで現実として見えていた山や水は、山でなく水でないものとなります。禅宗にいう「山、

山にあらず、水、水にあらず」といった境地に入ります。そこは絶対的な創造のエネルギーを生み出す場所であり、そうした創造のエネルギーそれ自体であると言われる境地です。これを「阿羅耶識」と呼びます。

　ちなみに、先にイスラム神秘主義の瞑想修行について触れましたが、彼らが神と合一して「私は神だ」と口走ってしまう境地もおそらくこのあたりにあるのだろうと思われます。

　もちろん、そんなに深い境地ではなくても、たとえば「三平方の定理」のような数学的真理は人びとの頭の中にあると同時に、それを思い浮かべる人がいなくなっても、あるいは世界が滅びても、幾何学上の真理として永遠に存在し続けることでしょう。この点で真理が客観的に存在することは納得がいくのではないかと思われます。そして、この種の真理はとにかくその世界の存在を確信すれば、それだけで十分なところがあります。

　しかし、物事の本質は真理だけではありません。たとえば、俗にいう「真・善・美」のうちの美については、それを美しいと感じる人が一人もいなくなったときでさえも存在しているかというと、神様の存在でも認めない限り、存在するとは言えないように思われます。

　さらに、善について考えてみると、いくら善の本質的状況を机上で思い浮かべても、その善が現実世界で実行されない限り、何の意味もないことに気づかされます。つまり、人間に関する本質的状況というのは、霊性によりあちら側の世界に行くだけではなく、この世に帰ってきてなすべきことが宿命づけられているようなのです。

　そこで日本的霊性ですが、これは本質的状況を体得した人がもう一度現実に戻ってきて、童心のごとき新たな目で存在のエネルギーに満ちあふれた山、水を見つつ、「山、山なり、水、水なり」を実感する境地に至るというところに最大の特徴があります。

第 11 章　日本人の宗教性

つまり、

1.「山、山なり、水、水なり」(現実)
2.「山、山にあらず、水、水にあらず」(阿羅耶識)
3.「山、山なり、水、水なり」(現実)
＊ただし、1と3は同じではない。

ということになります。

　真・善・美とも山にこもって修行したまま純粋な認識に達することなら、おそらくどんな宗教でも哲学でも可能でしょう。しかし、深い認識の世界から俗世の現実へと帰還し、なおかつその現実の地に足をつけて、信仰の純粋性を失わない生き方を示して見せることができる日本的霊性のあり方というのは、つねに原理主義に陥る可能性を有している他宗教にとっても参考になるのではないでしょうか。鈴木大拙が禅宗について英語の著作を多数発表したのも、この日本的霊性の意義を広く知ってもらいたかったからではないでしょうか。

　現実に戻るという意味では江戸時代の禅僧鈴木正三が独特です。

　正三が武州のあるお寺にいたときに地元の農民たちが数十名やってきて、問われたのに答えて「一鍬一鍬に南無阿弥陀仏南無阿弥陀仏と耕作せば、必ず仏果に至るべし」(『驢鞍橋』岩波文庫, 1948年) と言います。あるいは別のところで農作業で朝から晩まで多忙につき念仏を唱えるいとまもないがどうしたらよいだろうかと問いかけたところ、正三は「農業即仏行なり」と説きます。鋤や鍬や鎌を持って煩悩に満ちた心身を敵とみて土をすき返し刈り取り耕作に励みなさい、それが念仏修行に匹敵する、と正三は言います (日本古典文学大系83『仮名法語集』1964年, 273－274頁)。

　正三の書いた『万民徳用』は江戸時代のベストセラーになり、寺子屋の読本にも収録され読み継がれました。日本人の勤勉の哲学を説いた最初の人だとの評価もありますが、禅宗が寺院の中だけの認識論に終わらなかっ

たことを禅宗の日本的な展開として評価したいと思います。

　なお、禅僧の正三が南無阿弥陀仏というのはよく考えると妙な気もしますが、そのあたりのことにこだわっていないのも面白いところです。自力でも他力でも成仏するならどちらでもかまわないということでしょうか。

5　日本的霊性：悪人正機説

　阿弥陀仏のご加護と救済ということなら浄土真宗でしょう。親鸞聖人の『歎異抄』にある「善人なほもて往生をとぐ、いはんや悪人をや」という言葉が象徴的ですが、この「悪人正機説」は結構誤解されている言葉のようで、悪人が救われるなんてけしからんというふうに感じる人が少なくないようです。

　しかし、もともと人間は善と悪をあわせもつ存在で、全くの善人も全くの悪人も存在しません。ここで言われる「悪人」というのは、自己の中の悪を克服しようとしながら、自身の力ではどうしてもできないと苦悩する人のことで、そのために「悪人」のほうが「善人」よりも阿弥陀如来の助力を求める気持ちが人一倍強くなります。つまり、信仰の純粋さと切迫の度合いにおいて「悪人」の方が「私は善人だ」と思っている人よりもはるかに強いというわけなのです。

　そもそも「私は善人だ」というようなことを公言する人は、あまりいないと思いますが、いるとしたら、自分が犯した悪に鈍感なのか、あるいは大悪人だと考えたほうがいいかもしれません。かのアル・カポネは、自分は社会のはみ出し者を更生させるために尽力してきた慈善事業家だと終生考えていたくらいですから（D. カーネギー『人を動かす』創元社, 1958年, 6-7頁）。

　逆にカトリックの聖人に列せられるような人は過去から現在までの自身の罪を、日々の祈りの中で毎日懺悔しては神様の許しを請うています。ふだんわれわれが罪とも思わないようなことが彼らの真剣な懺悔の対象になっていて驚かされます。

第 11 章　日本人の宗教性

　そうしてみると「私これまで生きてきてなにか悪いことしましたっけ？」
と自分で思うようなら、その人はたまたま法に触れていないだけのことで、
少なくとも聖人からはほど遠いと思ったほうがいいでしょう。

　この点で、浄土真宗の信仰の純粋性については、三谷隆正のような無教
会派クリスチャンの思想家が高い評価を与えているのが印象的です。これ
についてはぜひ『幸福論』（岩波新書，1992年）をお読みください。一般的
な悪人正機説についての誤解が解けるだけでなく、著者の深い思想と信仰
の一端を窺い知ることができます。

　浄土真宗の力が最も強大になったのは戦国時代で、この時代の石山本願
寺と和歌山の鉄砲隊雑賀衆を率いた雑賀孫市を主人公にした司馬遼太郎の
小説『尻啖え孫市』（角川文庫）の話はすでに触れましたが、谷沢永一『人
間力』（潮出版社，2001年）に教えられた箇所を引用しておきます。

「その如来は、どこにいる」
「十万世界にあまねく満ち満ちていらっしゃいます。満ち満ちて、私
　どもが救われたくないと申しても、だまって救ってしまわれます」
「救いとはどういうことだ」
「人のいのちは、短うございましょう？その短いいのちを。永遠の時
　間のなかに繰り入れてくださることでございます」
「ねんぶつすれば、か」
「いいえ、お念仏をとなえようと、唱えまいと、繰り入れてください
　ます。それが、極楽へ参れる、という境地でございます」
「わからぬことをいう。さすれば、念仏は、その境地に生まれるため
　のまじないか、関所手形のようなものではないのか」
「ちがいます。さきほども申しましたように弥陀の本願によってだれ
　でも救われるのでございますから、南無阿弥陀仏をとなえる者だけが
　極楽に生まれるというものではございませぬ。たれでも、生まれさせ

119

て頂けます。お念仏は、そういうありがたさを感謝する讃仏のことば
にすぎませぬ」

（谷沢, 前掲書, 197-198頁, 司馬遼太郎『尻啖え孫市（下）』角川文庫, 2008年,
86-87頁）

　もう誰を救うとか救わないといった話ではなくて、善人も悪人もみんな
まとめて面倒を見てくれます。谷沢永一氏は「これが日本仏教の到達点で
あったと理解すべきであろう」（同頁）と述べています。
　さて、ここまでくると、人間が信仰する態度というものは、「感謝」し
かなくなっていきます。それが次の「妙好人」の段階です。

6　日本的霊性：妙好人

　わが国の霊性的伝統における興味深い現象に「妙好人」という存在があ
ります。妙好人とは「浄土系信者の中で特に信仰に厚く徳行に富んでいる
人」（鈴木大拙『日本的霊性』岩波文庫, 1972年, 195頁）のことで、その人
となりは『妙好人伝』の類に詳しいので、ぜひお読みください。
　ここでとりあげるのは鈴木大拙が紹介する妙好人浅原才市の歌です。鈴
木大拙は才市の歌には「日本的霊性的直覚が、純粋の形で顕れている」（鈴木,
前掲書, 209頁）とみています。才市は、下駄職人としての人生を全うしな
がら、独特の味わい深い信仰告白の歌をかんなくずなどに書きとめて残し
ました。引用は前掲書, 217-220頁。

　なむ仏はさいち（才市）が仏でさいちなり。
　さいちがさとりを開くなむぶつ。
　これをもろ（貰う）たがなむあみだぶつ。

　大拙によれば、仏との合一感、一体感の間に「なむあみだぶつ」のやり

第 11 章　日本人の宗教性

とりがあるのが特徴だといいます。南無阿弥陀仏はもちろん阿弥陀如来への感謝の気持ちです。阿弥陀は心に直接ぶつかってくると才市は直覚します。

　わしが聞いたじゃありません、
　わしが聞いたなありません。
　こころにあたるなむあみだぶつ、
　いまはあなたに打れ取られて。

そして、自分というものがすなわち仏だという自覚から

　わしが阿弥陀になるじゃない、
　阿弥陀の方からわしになる。
　なむあみだぶつ。

大拙は、この才市の「なむあみだぶつ」は霊性的直覚ないしは直覚の内容だと言います。

　わしのこころは、あなたのこころ、
　あなたごころが、わたしのこころ。
　わしになるのが、あなたのこころ。

さらに、

　お慈悲も光明もみなひとつ。
　才市もあみだもみなひとつ。
　なむあみだぶつ。

121

というようにみな一つになります。

　即ち『なむあみだぶつ』であり、また光明であり、また慈悲であり、また才市である。この自覚を霊性的自覚という。そしてこの直覚の形態に日本的なるものをみたいのである（鈴木大拙, 前掲書, 220 - 221頁）。

この才市の素朴で力強い宗教的感性と独特のリズムとは何ともいえず魅力的ですが、明治生まれの人くらいまでは何かにつけて「なむあみだぶつ」と自然に唱える人がいらっしゃいました。また、おそらく本質的には同じことですが、何かにつけて「ありがたい」「ありがたや」と誰にともなく感謝の意を表すご老人がかつてはたくさんいらっしゃいました。彼ら彼女らの目にはこの世は喜びに満ちたものと映り、その心は阿弥陀如来でなくてもありがたい何者かへの感謝に満ちていたと思われます。

＊

ここで明治生まれの人びとというのは私が子どもの頃の記憶から逆算したわけですが、実際、きょうびの老人は堕落しているのかもしれないと、次の老人世代の私は感じています。だいたい大正生まれからもう感覚がわれわれと変わらなくなっています。モボ（モダンボーイ）モガ（モダンガール）ファッションとか大正デモクラシーなんてものが流行っていたのですから、大正時代ですでにわが国は立派に近代だったのです。

　実際、当時の流行の極めつけに「親不孝」というものまであったくらいです。大正生まれで、まったく老成しない若者のような過激さを持ったままの老人を知っていますが、それは不思議なことではなかったのだと今更ながら納得しています。ということは、この分でいくと、今後の老人たちはもっとひどいことになっていくのでしょう。

　この流れはどこかで止めないといけないと思いますが、そのためにも過去のわれわれがどうだったのかを知る必要がありそうです。しかし、さしあたっては「ありがとう」と口に出して言ってみることから始めるといい

かもしれません。

　このことを裏付けるように近年静かに広く読まれている本に『五日市剛さんのツキを呼ぶ魔法の言葉』(とやの健康ヴィレッジ, 2004年)があります。その魔法の言葉というのは「ありがとう」と「感謝します」で、これらの言葉を意識して口にするようになると魔除けになったりツキを呼び込んだりするという話ですが、わが国の宗教的伝統にかなっているのかもしれません。

【参考文献】
五日市剛『なぜ、感謝するとうまくいくのか』、マキノ出版、2012年

第12章　日本文化について

1　舶来上等の思想

　日本文化の特徴として指摘されることの一つに、われわれが「いいものはいつも外国から来る」と考えていることが挙げられます。われわれはいつも遅れた状態にいるという一種の強迫観念にさいなまれているのです。谷沢永一はこれを「未然形の劣等感」と呼んでいます（谷沢永一『日本人が日本人らしさを失ったら生き残れない』WAC, 2006年, 8頁）。確かにわが国は建国以来つねに先進文明の後をすがるように追いかけてきたのですから、舶来品こそ上等と思って当然のところがあります。

　もちろん日本が先進国と考えている国は中国大陸から西洋諸国、そしてアメリカと時代とともに変わってきましたし、舶来品の輸入につとめるしばしば洋行帰りの学者・知識人が偉そうにしているのも、漢学から洋学へとその分野は移行してきましたが、行動様式についてはまったく変わっていません。

　そのためいつでもわれわれは先進文明に対して「遅れて参入してきた」という感覚があります。これが習い性になると、一歩でも早く飛びついた人が有利な立場に立つことができます。先進国の最新の情報をいち早く入手するには語学力が決め手になります。

　今でも語学力があるだけで周囲がその人を見る目まで変わってしまうのは、語学力のある人が昔から社会的に高い地位に立つことを目の当たりにしてきたという、事実に裏打ちされた感覚なのかもしれません。本当は語学力と人間の頭の良さやリーダーとしての資質とは何の関係もありませんし、実際に語学バカというのは少なくないのですが、ついつい流暢に英語を操る人（そう見える人を含む）に出くわすと、まるでスターを仰ぎ見るように見上げてしまいます。

124

第12章 日本文化について

　語学バカはこの周囲からの畏怖の眼差しに助けられて、バカがバレるまでに多少の時間を稼ぐことができるのですが（いずれバレます。語学バカは単なるバカの変種にすぎないからです）、とにかく愚かな話です。しかし、そもそもコンプレックスというのはそんな風に屈折しているからこそコンプレックスなのです。これは昔からそうだったのですが、昔はこれが英語ではなくて漢籍でした。そして、何を読んでいたかというと四書五経と呼ばれる古典の類でした。

　まず何よりも当初わが国には文字というものがなかったので本格的な正真正銘の文字を「漢字」として輸入したわけです。当時これを「真名」と言いました。（ちなみに後ほど触れますが、これに対して漢字を簡略化したのが「仮名」です。そういえば、マナ、カナという名前の双子の芸能人姉妹がいますが、おそらくこれからとったのでしょう。）

　当時、入ってきた漢字で書かれたありがたいものとしては孔子や孟子の思想を含む四書五経のほかに、仏典や漢詩でした。仏典は当然高い精神性を表すありがたいものでしたし、漢詩の芸術性も言うまでもありません。また、四書五経に書かれている思想は、とりわけ世界で最先進の国造りをしようとしている改革派にとっては欠かすことのできないものでした。

　いずれにしてもこのすばらしい舶来品を皆こぞって大切にし、後世まで読み継いでいきます。つまり、公文書類は漢文で記され、当時世界最先端の哲学・宗教も漢文で読み、漢詩を詠み、漢文で日記を付けることが知識人が身につけるべき標準的能力になります。

　この伝統は明治時代まで続き、当時の新聞には現在の俳句や短歌の投稿欄と同様に漢詩の投稿欄がありましたし、森鷗外や夏目漱石も幼い頃から漢詩を作っていました。鷗外は新聞に漢詩を投稿していたとき以来の号です。明治時代に西周がイギリスのハーバート・スペンサーの翻訳をしていますが、これがなんと漢文訳なのです。それをまた当時新進気鋭の哲学者大西祝が誤訳を指摘するという時代でした。明治時代の漢籍の素養とはおよそそのようなものでした。

125

明治時代は「和漢洋」に通じてはじめて知識人と見られましたので、漢籍に加えて外国語ができ、源氏物語が読めて和歌が詠めなければいけませんでした。このあたりの事情がよくわかる本として山本夏彦『無想庵物語』（文春文庫, 1993年）をおすすめしておきます。

それはともかく、明治時代になっても、外国語ができなければいけないという日本的な特徴は変わりませんが、和歌とはどうしてと思われるかもしれません。和歌は日本文化のアイデンティティーにかかわっていますので、もう一度漢字が入ってきた頃に戻って説明します。

2 仮名文字の発明

仮名が真名（漢字）に対する仮の字だというところから出てきた名前だということはすでに述べましたが、とにかく漢文と日本語とは語順から何から違いすぎるので、人びとは補助的に漢文の読み下し文を作るという翻訳法を編み出しました。元の漢文には語順を表す記号（返り点）を入れ、さらにその間に漢字の一部を用いた文字を書き入れたのがカタカナです。仏典を読むためにお坊さんたちが考え出したと言われています。

読み下し文の間に書き入れる文字は漢字の省略形だとしても、日本語の音を表したもので、れっきとした日本語です。漢文に返り点を施してさらに漢文を書き入れる意味はないわけですから。

そしてこれよりさきにあったのが「万葉がな」です。万葉集の歌はもともと漢字で書かれていますが、この漢字は日本語の音を表すために便宜的に用いられていました。この漢字の全体の形を崩したり省略したりしながら生まれてきたのがひらがなというわけです。

こちらは元々が万葉集というわけですから日本語による詩のための、ことに和歌のための文字です。これは中国文化の圧倒的影響を受けながらも、自国語による詩文学を早くから確立していたという点で注目すべきです。

さらには、この和歌というのが身分の上下を問わず、社会のあらゆる階層から集められたというのも特筆されるべきことでしょう。勅撰和歌集の

中にときおり見られる「詠み人知らず」の歌は、当時の名もなき貧しい階層の人の歌です。歌の出来映えの前には身分の上下はどうでもよかったわけです。このことを渡部昇一は「和歌の前の平等」と呼んでいます（渡部昇一『日本史から見た日本人・古代編』祥伝社, 1989年）。

和歌の31文字の形式は、その微妙な長さゆえ昔も今も感情表現に向いていますが、昔はとりわけ愛の歌というより、恋心を伝えるツールとして必須でした。貴族は歌の交換から交際をスタートさせるわけですから、歌が詠めなくては始まりません。

宮中の女性はふつう漢籍とは無縁ですので、和歌を万葉がなで書いて贈るのは無意味でしょう。男性陣もひらがなを使って和歌を詠めなければいけない道理です。男性は和漢の素養に秀でていなければ恋愛も出世もおぼつかないというわけです。

他方で宮中の女性たちは文学を発展させました。読者として、そして作者としての両面があります。読者はまあ、かな文字の読者層ですから当然ですが、作者というのは平安時代の女流作家たちのことです。

もとはといえば、紀貫之が自らを女性に仮託して『土左日記』を書いたのがきっかけです。「男もすなる日記といふものを、女もしてみむとてするなり」とあるのは、日記はふつう漢文で書くものという通念をふまえて、これをかな文字を使って書いてみますという宣言です。

ここから堰を切ったように日記文学、物語文学が生まれるようになりました。その最高峰が源氏物語であることは論をまたないでしょう。日本人の美意識の核がそこにあるとは私が言うまでもないことです。歴史的に重要なことは、そこで天皇を中心とした美意識が確立したことです（山本七平『日本人とは何か』（上）PHP文庫, 1992年）。

天皇制が今日まで存続してきた理由の一つが、わが国の政治権力の中心ではなくて、精神的権力の一つともいうべき美意識の中心を形成してきたからだという考えにはそれなりに説得力があります。源氏物語を平安時代以降もたとえば徳川家康などが熱心に読んでいたという研究もありますが

（三田村雅子『記憶の中の源氏物語』新潮社, 2008年）、そのあたりのことに勘のはたらく権力者が少なくなかったことが分かります。

わが国ではヘブライズムのような神の命令による道徳体系がないので、共同体の空気に同調する圧力と、美意識が道徳の代わりの役目を果たしています。事実為政者の身の処し方が美しくなかったり、潔くなかったりすると、たちまちのうちに人気がなくなります。

美意識はふつう道徳ほど強くはないはずなのですが、わが国の文化ではこれはかなり強い規範として機能してきました。われわれは聖徳太子の時代から人びとの「和」を尊重し、人びとの間の「空気」を読み、罪や汚れは「水」に流してきましたが、そこでも、そもそも「和」というのは美しくつながっていて、「空気」や「水」は清く澄んでいてほしいものなのです。

3 正義と法

唐の法制度を取り入れて律令制度を導入してみたものの、しょせん風俗、習慣のまるで違う外国の法制度ですから人びとの間に根付く前に崩れ始めます。律令制度に日本オリジナルで付け加えた神祇官は宮中の祭祀を担当する官職として明治時代の皇室典範制定にまで引き継がれています。

どうしてそんなに長く続いたのかというと、日本の律令はその後武士の時代になっても、廃止されたわけではなかったからです。どうもわが国にはひとたび制定された法を廃止するのは心理的抵抗があるようで、初めての武士による法律「貞永式目（関東御成敗式目）」（1232年）も、当時のいわば公家の法律だった律令を廃止したのではなく、当時の人びとの間で行なわれていた慣習法を事実上の法として通用させてしまいました。

さらに、その後の室町幕府や江戸幕府も、この貞永式目の「追加法」として制定されるという形をとりましたので、律令は明治時代になるまで形の上では残っていたわけです。ここでの注目すべき特徴は、宗教法を経ずして、いきなり世俗法が出てきてしまったことです。世俗法が発達するまでに西洋社会のように宗教法との競合や対立がなかったこと自体、歴史上

の一つのテーマになるかもしれませんが、ここで注目したいのは、この貞永式目が日本人の道徳的感性に実にしっくりくるもので、その後江戸時代の寺子屋の読本にも採用され、長い間読み継がれたということです。

こうして本来の自然発生的な共同体であった大和朝廷に、外来法である律令を導入しようとして十分な定着を見ないうちに、武士による幕府体制が確立するという歴史の底流にあるのは、共同体的な独特の平等意識のように見えます。聖徳太子の時代から「和」と呼ばれているものがこれに相当しますが、〈共同体の成員は基本的に平等で、そのみんなで話し合って決めたことが正義である〉という現れ方をします。

この正義が一揆の正義であり、この貞永式目の制定根拠であり、身勝手な主君を牢屋に押し込める家臣団の正義であり、米騒動や2・26事件をへて今日まで人びとのあいだに脈々と流れている正義の感覚の源泉だと思われます（なお、一揆については勝俣鎮夫『一揆』（岩波新書, 1982年）がおすすめです）。

この正義の問題は、何よりも話し合っている「みんな」が誤った情報に基づいて「みんなで」間違ったときに、引き返すすべを知らないことにあります。ユダヤ教の預言者のような人がいても人びとはそもそも聴く耳を持っていないのです。

一揆の正義は欧米やイスラムの唯一神の正義とは現れ方が違いますが、これもまた正義である以上、暴力を伴うことに変わりはありません。このあたりの気持ち悪さというのは小林信彦の『裏表忠臣蔵』（新潮文庫, 1992年）がうまくとらえています。また、政治だけでなくさまざまな人間的欲望と制度とが絡まりあって地縛霊のようになった地域共同体の不気味さは、秋元松代の戯曲『七人みさき』（河出書房新社, 1975年）に描き出されています。

4　江戸の学問

江戸時代の長い太平の世の中で経済力をつけてきたのが町人階級で、士

農工商という江戸時代の身分制度は経済発展の結果、次第に商工農士という順番になっていきます。

　もともと人口の７％しかいなかった武士が、いわゆる五公五民で文字通り米の生産高の半分を徴収したとしたら、それを自分たちで食べきったはずはないわけです。工商に行き渡る米もあるわけですから、少なくとも米の流通をつかさどる米問屋が発達しないと、この税制は成立しません。

　このような江戸の流通業や両替商のような金融業の発展を江戸時代全体の経済や逼迫する幕府財政との関連で素人に分かりやすく説いてくれる本があるといいのですが、今のところ見つかっていません。

　それでも、悪評高い田沼時代は実はいい時代で、吉宗の時代の方が賄賂自体は横行していたとか、江戸時代の農民は言われているほど貧しくはなかったといった個別の研究書は出ていますので、へぇーっと感心したい人は改めて調べてみてください。

　ここで注目したいのは江戸の町人文化です。江戸時代の商人が豊かになるに従って、都市の町人文化が発達します。豪商は俳人や画家たちのパトロンになり、文化の発展に貢献しますし、都市の町人たちは観客として歌舞伎や文楽といった演劇文化を支えます。ちなみに、歌舞伎については土屋恵一郎『元禄俳優伝』（岩波同時代ライブラリー, 2004年）がおすすめです。

　こうした江戸時代から今日に至るまで、男性の道楽は「呑む」「打つ」「買う」の三拍子揃った云々と言われたりしますが（女性には「役者買い」というのがあります）、古典落語にしばしば出てくる酒と博打と吉原通いです。

　道楽といえば下手をすると文字通り身代つぶしたりするくらい入れあげることのある厄介なものですが、江戸時代で最もたちの悪い道楽と言われていたのは、漢字二文字で「○○道楽」だったそうです。どんな漢字が入ると思いますか？

　実はこれが「学問」なのです。江戸時代は最初の将軍家康が学問好きで、朱子学を奨励したこともあり、後に様々な在野の儒学者も登場してきます。

安定した平和な時代が長く続いたおかげで、学問が農工商まで及び、民間学者や町人学者が出現し活躍するようになったのは日本独特の現象です。

人びとは子どものころ寺子屋で「読み」「書き」「そろばん」を習った後、大人になっても小唄や清元、常磐津など様々な習い事を始めるくらいならいいのですが、東に賀茂馬淵ありと聞けば、行ってその教えを請い、西に三浦の梅園ありときけば、これまた九州は国東半島まで赴くという道楽ぶりは、お金を持った放浪学生のようなものです。学問道楽おそるべしです。

江戸時代の数学「和算」については関孝和の名前がよく知られていますが、西洋の数学的伝統とは無関係の脈絡で微積分の概念に到達していたのですからたいしたものです。

和算のレベルの高さを支えていたのは数学好きの庶民で、いわゆる算額絵馬の存在が知られています。これは、誰かが神社で願掛けをするあの絵馬に数学の問題を書いて掛けておくと、別の誰かが来てそこに解答を書いた絵馬を上から掛けておくということを繰り返すものです。数学の他流試合ないしは武者修行みたいな感じでしょうか。和算の名人や上手と果たし合いをするために旅をして回る人も少なくなかったようです。実際、全国各地の神社でこの算額が山のように残されています。

ちなみに、この時代の空気を伝える小説に遠藤寛子『算法少女』（ちくま文庫, 2006年）があります。幕末を舞台に和算に秀でた少女が主人公の物語です。歴史上のおなじみの人物も登場し、楽しく読めます。

内藤湖南『日本文化史研究』（講談社学術文庫, 1976年）では大阪の町人出身の優れた学者・思想家である富永仲基や山片蟠桃が紹介されています。江戸時代ではこの二人に大分の三浦梅園を加えた三人が、その創見において他の追随を許さないと言われています（内藤湖南『先哲の学問』筑摩叢書, 1987年, 156頁）。富永仲基は『出定後語』（隆文館, 1982年）において比較宗教思想論、山片蟠桃は『夢の代』で無神論や進化論それに地動説を唱えています。そして、三浦梅園は『三語』において独特の自然哲学、言語哲学を展開しました。日本の思想家は外国思想の焼き直しにすぎないとい

う通念を見事に裏切るユニークさです。

このほかにも触れておくべき江戸時代の思想家は大勢いますが、最後に政治との関係で山崎闇斎（1619-1682）に少しだけ触れておきます。

山崎闇斎は僧籍にありながら朱子学に傾倒し、還俗して儒者となり、後年垂加神道を起こしたことで知られますが、朱子学の中から正統性の概念をはじめて日本に持ち込みました。朱子学は孔子孟子の原理に戻って厳密に解釈しなおそうとする立場で、その学問的・思想的に厳格な姿勢を闇斎も受け継ぎ、原理主義的解釈を徹底します。そうすると儒学の禅譲放伐論の一貫性のなさに我慢ができなくなると同時に、日本の天皇制の正統性のほうが真正だと考えるようになります。

ここから倒幕思想まではもうほとんど距離がありません。弟子の浅見絅斎（1652-1711）は幕藩体制を認めず、それを排除されるべき非合法の存在と見るようになります（『靖献遺言』）。つまり、幕府は天皇から政権を奪ったわけであるから正統性はないという思想となり、幕末の志士たちに対して大きな影響を与え、明治維新への道を地慣らししました。

学問好きの家康がまいた種は幕末にはついに倒幕思想へと成長していったわけです。

<table>
<tr><td>終　章</td><td>余　　滴</td></tr>
</table>

　この章では、かつて通信教育部の学生諸君向けの雑誌や愛知県ハンガリー友好協会の会報等に載せたエッセーを収録します。話題はナンバ走り、外国語学習や速読、そしてハンガリー文化です。講義の余談とでも思ってください。

■ ナンバと速読と語学講座—中年からの独学

　通信教育で勉強するというのは独学に近いところがあります。もちろん、レポートやスクーリングを通じて師匠に接し、同好の士を得る機会は開かれているので、十分活用していただきたいと思います。しかし、ふだんの学習の圧倒的に多くの部分は、やはり皆さんの独学に負っています。

　独学にはもちろん忍耐が必要ですが、それがはっきりとした目的意識や知的好奇心に支えられていれば十分長続きしますし、楽しいことも少なくありません。ましてや、目に見えて成果が出てくると本当に病みつきになります。

　ここでは、私自身が中年になってから始めた独学を三つご紹介します。

■ 語学講座

　かつて何十ヶ国語もマスターしている語学の達人が、語学は継続が大事なので「1日15分でもいいから毎日続けなさい」と言っていました。とはいえ、実のところ、この「毎日」というのがなかなか大変なのです。文字通り365日1日も休まず勉強するのは至難の技です。歯を磨くように習慣にしてしまえばいいのですが、そうとはわかっていても習慣になるまでにたいてい挫折してしまいます。それこそ本気で歯ブラシに文法書でもくっつけておくといいかもしれません。

その点では、サラリーマンにとって習慣にするのが比較的容易なのが、通勤時間の利用です。評論家の加藤周一はかつて勤務医をしていたころ通勤電車の中だけでラテン語の文法を習得したと書いていました（加藤周一『読書術』光文社, 1962年）。

ただ、私は電車の中では睡眠を取るのでなければ、必ず本を読むことにしているので、ちょっと違った方法をとっています。それは、通勤の際に歩く時間や駅のホームで電車を待つ時間を利用してＮＨＫのラジオの語学講座を聴くことです。今年は家から駅まで歩く間にドイツ語講座を聴いています。6ヶ月で基礎講座が一通り終了するように組まれているので、2年くらい聴けば基礎的な文法と会話表現は頭に入るだろうという目論見です。実は私はドイツ語については辞書を使って読むことはできるのですが、会話はうまくできないので、これを少しでも強化することを目的にしているのです。

ラジオの語学講座はほぼ毎日放送されているので、格好のペースメーカーになってくれます。ただ、問題は通勤しない日です。夏休みなどに入ってしばらく自宅にいると、番組を聞くことさえ忘れていることがあります。毎日学習するという条件はここで脆くも崩れてしまうわけです。でもまあ、やらないよりはましでしょう。

▍速読

通勤電車の中では読書をしています。自宅から大学までの乗車時間は都合70分ほどになりますので、本によっては片道で1冊読めます。この原稿を書くための参考になるかと思い、文芸評論家の福田和也の『ひと月百冊読み、三百枚書く私の方法』（PHP研究所, 2004年）を通勤途中に読んできました。その福田氏の読み方は実は速読ではなくほとんど飛ばし読みです。評論家の立花隆も大変な情報量をこなすと言われる人ですが、立花氏を取材した雑誌記事によれば、彼も決して速読なのではなく、飛ばし読みそのものでした。そして、当然ですが、飛ばし読みは速読ではありません。

終章　余　滴

　速読はさしあたり、1分間に2,000字くらいのレベルなら訓練次第でおそらくだれでもすぐに到達できます。まずは言葉を音声化しないのが第1歩です。文字を1字ずつ声に出して読むとしたら、速く読めるはずがありません。ということは、逆に言えば、音読より速く読める人ならば、だれでも意識しないである程度の速読をしているわけです。

　したがって、最初は行の半分くらいを1度に印象としてとらえることから始めて、次に1行、1行半、2行と増やして行けば、特別な訓練をしなくても2,000字レベルを超えることはできます。ちなみに今朝私が先の本を読んだ時間が30分ほどだったので、計算すると、1分間につき4,340字でした。私の場合は本の内容により2,000字から4,000字前後の間を自然に使い分けているようです。

　4,000字レベルを超えようと思ったら、独特の眼球運動のトレーニングをするのが効果的なようです。たいていの速読講座にはこうした眼球運動の訓練の道具があります。こうしたトレーニングを経ると1万字を超えるという速読レベルに達することができると言われています（ただし高額です）。

　私の知る限り、速読をものにしているプロのもの書きは評論家の日垣隆です。日垣氏は1週間に30冊読むそうです。彼の速読のレベルはおそらく5,000字から6,000字、あるいはもっと速いかもしれません。少なくとも、先の評論家二人と違って、飛ばし読みをしているのではないことは、彼が書いたものからもわかります。日垣隆の速読法については彼のウェブサイトに掲載されています（http://www.gfighter.com/）。

　ところで、読書といえば、私もウェブサイトを開いていて、その中で読書日記を公開しています。こちらもよろしかったらご覧ください（http://homepage3.nifty.com/thinkers/）。

ナンバ

　ナンバというのは、江戸時代の飛脚が1日に200km走ったという走法・

135

歩行法のことで、明治時代に入り、学校で行進の訓練などするうちに矯正され、忘れ去られてしまったものの一つです。

　今年の世界陸上世界選手権の男子200m走で日本人として初めて表彰台に上った末続慎吾選手が、このナンバをとり入れて走るようになって成績が向上したと各種の新聞やテレビで報道されていました。ナンバ走りとは具体的には、体幹部をねじらないようにして重心を滑るように移動させて走る走法です。なお、参考までに図を掲載しておきました（甲野善紀『古武術に学ぶ身体操法』岩波アクティブ新書, 2003年, 37頁より）。

　このような、伝統的でありながら今日忘れ去られてしまった身体操法はナンバのほかにいくつもあるのですが、それらを現代に甦らせたのは古武術研究家の甲野善紀氏です。現在、日本全国でこの古武術の動きを各種のスポーツに取り入れる動きが見られるようになってきています。

　古武術の動きを最初にバスケットボールに採り入れたことで知られているのが、東京の桐朋高校のバスケットボール部です。都内の弱小チームの一つに過ぎなかったのが、ナンバ走りをはじめ、古武術の動きを取り入れることによってインターハイや全国選抜大会にまで出場する強豪チームとなりました。その実践についてはビデオ『バスケットボール革命』（日本文化出版, 2003年）に収められています。また、インターネットで動画の見られる「コーチKのホームページ」（http://www3.nsknet.or.jp/~demachi/）も役に立ちます。

　というわけで、私もこのナンバ走りを見様見真似で実践してみたところ、この走り方が確かに極めてスタミナの消耗の少ない走法であることがわかりました。私がコーチをしている大学バスケットボール部の現役部員たちに混じって、44歳にして、なんと1ゲーム40分間練習試合に出続けることができました。これには誰よりも私自身が一番驚かされました。

（2003年）

＊

こう書いたのが8年前のことですが、2011年現在でも、いまだにゲーム

に出ています。自分でも驚きますが、今の方がもっとスタミナがあります。それは、その後新たに加えたトレーニングメニュー「スロー・ジョギング」のおかげです。これは歩くよりも遅いくらいのスピードで30分から40分の間、とぼとぼと走るだけのことです。歩くより遅いくらいですから心臓に負担がかからず、呼吸も乱れません。こんな楽な走り方で何か効果があるのかと思うくらいですが、これを2週間くらい続けると、驚くほど持久力がつくようになります。このトレーニングは科学的には持久筋（遅筋）を鍛えるという意味がありますので、決して速く走ってゼーゼーハーハーと息を荒らげてはいけません。これをするようになって、体育会系根性でトレーニングする必要がなくなり、トレーニングの心理的障害が減ったため、走る回数も増えました。するとさらに持久力が増すという好循環に入っています。

　また、速読については呉真由美の速読本がおすすめです。『スポーツ速読完全マスターBOOK』扶桑社, 2010年）のようにDVD付きのものもありますので理解しやすいと思います。

▌外国語を学ぶ人へ

　今から30年くらい前のわが国の文科系の大学院では、外書購読の授業がほとんどで、当時大学院生だった私も毎日ドイツ語か英語の予習ばかりしていた記憶があります。博士課程の入学試験でも2カ国語が課されるところが多く、先生や先輩たちから訳文の誤りを指摘されたりしながら、博士課程入学時には、皆どうにか最低2カ国語は読めるようになっていました。

　私の場合は学部時代にフランス現代思想に凝って語学学校に通っていたことと、ハンガリーの法思想史を専門にし、ハンガリーに留学したこともあって、結果として4カ国語が何とかできるようになりました。

　最近は新しい外国語を学ぶ意欲も薄れてきましたが、わけあってロシア語の初級文法と不得意なドイツ語会話を勉強中です。それと、二年後に海外で学会発表をしなければならなくなったため、英語力の一層の向上とい

うことが新たな課題になってきました。

そのため今でも仮に魔法のように効率的な外国語学習法があるなら、是非とも知りたいと思っています。しかし、いくら効率的といっても、ある朝目が覚めたら外国語がペラペラになっていたなどというムシのいい学習法はさすがにありません。

私の友人知己には10カ国語以上できる語学の達人が何人かいますが、そうしたポリグロット（多言語所持者）たちに共通するのは結局のところ勤勉さということに尽きるようです。ただ、私自身の外国語学習のささやかな経験をもってしても納得のいく効果的な方法は確かに存在します。

というわけで、以下に私のお勧めの外国語学習法を参考文献とともに挙げておきます。

1　木田元『闇屋になりそこねた哲学者』（ちくま文庫, 2010年）

著者は農林専門学校時代に突然哲学に目覚め、英語を独習して東北大学に入学しますが、そのとき以来の独習法です。毎日８時間、３ヶ月間集中して学習したら、先生よりできるようになっていたそうです。その後大学生になってからは、毎年４月１日から６月30日までを「語学月間」にしてドイツ語、ギリシア語、ラテン語、フランス語を全部独学で習得したそうです。ハイデガーの『存在と時間』を読みたい一心でここまでマスターしてしまったという人です。

2　斎藤兆史『英語達人塾－極めるための独習法指南』（中公新書, 2003年）

本書で設定されている英語の習得段階は日本人の最高レベルです。印象的なのは伝統的な学校英文法の重要性が強調されていることです。具体的なレベル診断から学習計画、そして教材選びのアドバイスに至るまで、実に行き届いた指南書です。ただし、達人への努力は一生ものです。本書の課題を全部こなすと10年かかります。自分は多少語学ができると思っている人にとっては、もっと上の達人レベルの存在をあらためて教えてくれる本でもあります。

終章　余　滴

3　ロンブ・カトー『私の外国語学習法』米原万里訳

（ちくま学芸文庫, 2000年）

　ハンガリー出身の著者は5カ国語の同時通訳、10カ国語の通訳、16カ国語の翻訳をこなします。外国語学習の初日から読書を学習の中心に据えるというユニークな習得法です。ここでの読書にはあまり現代的すぎない文芸書を選びます。本書は週平均10〜12時間×2年間を学習に割くことができる平均的学習者を念頭に置いて書かれていて、通教生にはぴったりの設定です。

　本書のもう一つのいい点は、挫折した人のための一言があるところかもしれません。最後にその言葉を引用しておきます。

　「わたしたちが外国語を学習するのは、外国語こそが、たとえ下手に身につけても決して無駄に終わらぬ唯一のものだからです」（34頁）。

　とはいえ、できることなら上手に身につけたいものです。

　健闘を祈ります。

（2011年1月）

▍ハンガリー絵画の個性派たち—ナショナル・ギャラリー案内

　ハンガリーはこれまで世界のあらゆる分野に才能を送り出してきましたが、このことは美術の分野においても例外ではありません。たとえば、バウハウスの設立者であったL. モホイ＝ナジや、現代美術のヴァザレリなどの名は世界的に知られていると言ってよいでしょう。

　しかし、ハンガリーの中世から近代にかけての名画はあまり知られていません。かつてわが国でも確か1980年代にハンガリー国立美術館所蔵作品の展覧会が開かれたことがありましたが、そのときは残念ながら、「これは」という作品はあまり展示されていませんでした。

　ハンガリーの近現代絵画作品の多くはブダの王宮のナショナル・ギャラリーで観ることができます。そこでは、ハンガリー絵画の歴史をたどるというオーソドックスな並びになっていますが、実は、ハンガリーの近現代

絵画というのは、全体的な傾向としては、モチーフも技法も西洋の当時の流行の模倣に追われ、西洋の美術界から影響は受けても、逆に影響を与えるような作品は、残念ながらほとんどありません。

もちろん絵として優れた作品というのは少なからずありますが、その点では、たとえば、黒田清輝の絵がいくら素晴らしくても、西洋人にとってそれは別段新しいわけではないという、わが国おなじみの西洋画のあり方と似ているようです。

ナショナル・ギャラリーには、写実的なものから印象派や世紀末の象徴派を経てロシア・フォルマリズムや社会主義リアリズムの影響を受けた諸作品が勢揃いしていますが、いずれも、大体どこかで見たような作品が並んでいるという印象です。展示の流れが啓蒙的なだけに、その印象はいっそう強くなります。しかし、そうした一連の絵画の中に、特にそのユニークさで目を引く作品がいくつかありますので、ナショナル・ギャラリーに行かれる際にはご留意いただければ幸いです。

中でも異彩を放つ作家はチョントヴァーリCsontváry, Kosztka Tivadar（1853-1919）です。薬屋を営んでいた彼は38歳のときに「お前はダンテを超える」という神のお告げを受け、ダンテを超えるのなら詩人になったのかというと、そうではなく、41歳からどういうわけか猛然と絵画を勉強し始め、中近東を旅しては、不思議な絵をたくさん残しました。

私は留学前にHungarian Book Reviewという雑誌の表紙になっていた「レバノン杉への巡礼」を見て、ぜひともハンガリーでこの絵を観ようと心に決めたことを覚えています。

チョントヴァーリは、生前は理解者に恵まれず、晩年を精神病院で過ごし、そこで亡くなっていますが、没後何年もたってからようやくその独特の世界が評価され、第二次大戦後には国際展も幾度となく開かれました。ハンガリーの南部の都市ペーチには彼の作品を集めた「チョントヴァーリ美術館」があります。私も最初にハンガリーに行ったとき、この美術館目当てでペーチを訪れたことがあります。

　　　　　　　　　　　　　　　　　　　　　　　　　　　終章　余　滴

　また、16世紀初頭に活躍したM. S. Mesterというイニシャルのみ知られ
る画家がいます。その絵は全部で6枚しか残っていないようですが、ナショ
ナル・ギャラリーには不思議な魅力を放っている「マリアとエリサベツの
邂逅」という、ルカの福音書の最初の場面をモチーフにした宗教画が収め
られています。なお、ペーチの美術館にも、この作品ほど魅力的ではない
のですが、3枚ほどの宗教画があります。

　チョントヴァーリもM. S. もハンガリーの絵画の流れとは無関係に登場
した奇才だと思いますが、もちろん、こんな風にいくら言葉を重ねても、
絵の印象は伝わるものではありません。しかし、幸い今日ではインターネッ
トという便利なものがあり、仮想空間ではありますが、

　http://www.hung-art.hu/index-e.html

というサイトでハンガリーの画家たちの代表的な絵画を、ハンガリーに行
かずして観ることができます。もし可能ならば一度ご覧になってみてくだ
さい。上記の二人の奇才のほかに、皆様それぞれにお気に入りの画家が見
つかると思います。

　たとえば、先だってお亡くなりになったユーゴスラビア文学研究者の
田中一生さんはムンカーチMunkácsy, Mihály（1844 – 1900）がお気に入
りでしたし、わが国の国語学の第一人者故T先生のお嬢さんはグラーチ
Gulácsy, Lajos（1882 – 1932）がお気に召したとのことで、たまたまギャ
ラリーを案内した私は、彼女が帰国後、出版されたばかりのグラーチの
画文集をお土産に買って、人づてで届けてもらいました。また、そのほ
かにも、チョークCsók, István（1865 – 1961）や、スィニェイ＝メルシェ
Szinyei Merse, Pál（1845 – 1920）、あるいはリップル＝ローナイRippl-
Rónai, József（1861 – 1927）の絵は日本人には特に人気が高いように思い
ます。

　いずれにしても、一度こうして「あたり」をつけておいて、現地に足を
運ぶというのも、今日の新たな旅行の楽しみ方かもしれません。

　　　　　　　　　　　　　　　　　　　　　　　　　　（2007年4月28日）

141

ハンガリーの文化的多元性について

　ハンガリーという国は、その地理的に東西の様々な民族集団が行き交う交通の要所に位置しています。そのため、その文化もいきおい多元的なものとならざるをえません。異なる文化同士が出合うとき、一方が他方を滅ぼしあるいは吸収してしまうのでもなく、相互に無関心で没交渉に終わるのでもなく、それぞれが共存し、相互に影響を与え合い、新たな文化を生み出すことがあるとしたら、これ以上理想的なことはありません。

　そして、このことは単なる理想にとどまっては来ませんでした。実際、ハンガリーが20世紀の人類の科学や芸術の発展に多大な貢献をなしえたという事実を考えたとき、そうした幸運と幸福が実現しうる場所として、ハンガリーの文化的多元性が持つ意味をとらえなおすことができます。

　ということで、以下に、近現代ハンガリーにおける文化的多元性を構成するいくつかの要素を挙げてみます。

1　民俗文化の豊かさ

　ハンガリーの民俗文化は、周辺諸国の文化の影響を受けながらも、中央アジア起源と思われる独特の要素を残しています。それは祝祭儀礼や日常の習俗はもとより、音楽や舞踊、手芸・工芸を通じてうかがい知ることができます。バルトークやコダーイによって「発見」された民族音楽の意義についてはいうまでもありません。また、ロマ（ジプシー）文化もまた、ハンガリーの民俗文化を豊かにするだけでなく、世界中に刺激を与え続けていることを付け加えておきます。

2　寛容さ

　文化は本質的に排他的なものであり、異文化を排除することは文化の本来的な営みと考えることもできます。これまでの人類の歴史の中でも跡形もなく滅び去ったものは無数にあるに違いありません。その意味では、異文化が共存し、互いに刺激しあう中から新たな文化が誕生することは類まれなる僥倖といっていいかもしれません。ハンガリーから世界

に向けて科学や芸術の分野で様々な才能が育まれたのは20世紀初頭のことですが、それはハンガリーが異文化・異民族を国内に最も多く抱え込んで、寛容であらざるをえなかった時代でもあります。

3 同化ユダヤ人の問題

19世紀後半からユダヤ人を受け容れる政策がとられたこともあって、中・東欧のユダヤ人たちがハンガリーに移り住むようになりました。彼らの多くはハンガリー文化に同化し、中産市民層を形成するとともに、ハンガリーにおける文化興隆においても重要な役割を担うようになります。20世紀の科学的発明・発見におけるハンガリー人の寄与には目覚ましいものがあるのですが、その多くが、こうした同化ユダヤ人家庭の出身者です。

このとき重要なのは、ユダヤ人がゲットーに隔離されたまま自身の伝統文化の殻に閉じこもっていたのではなく、ハンガリー人に積極的に同化しようとしたということです。同化ユダヤ人はもちろんハンガリー人であり、人によってはクリスチャンへの改宗者です。この点で、彼ら彼女らは一人の人格の中にすでにいくつもの文化的要素を重層的に抱えている存在なのです。

4 都市文化・カフェ文化・仲間の集い＝よき観客の存在

しかし、さまざまな文化が同時に存在していても、それぞれが自文化の中に引きこもってしまえば、文化的に多元とはいえ、ただそれだけで、そこからなんらかの新たな文化的潮流が生まれてくることはありません。重要なのは、これらの文化を享受する観客としての市民層の存在です。才能を発揮するだけでなく、その才能を見出し、育む人びとがいなくては話になりません。この点で、19世紀から20世紀にかけてのブダペストの都市文化の発達は特筆すべきでしょう。

1900年当時のブダペストでは600軒を超えるカフェが営業していたといわれます。文人墨客はそれぞれお気に入りの店に通い、外国の新聞雑誌に目を通し、友人同士で情報交換をし、刺激し合っていました。また、

知識人や芸術家たちが集う独特の「仲間の集い」（társaság）もハンガリーの知識社会を語る上で見逃すことはできません。

「仲間の集い」とはハンガリー独特の習慣で、仲のよい人びとが定期的にカフェやレストランあるいは誰かの自宅に集まっては、それぞれの身の上の新たな出来事やジョークを順番に披露しながら、きわめて和やかな団欒を楽しむという集いのことです。これがお互いの発想を刺激し合う場であると同時に、知識人・芸術家ネットワークのひとつの結節点になっていて、さらに広く世界へとつながるネットワークへと展開していきます。

こうしてここに挙げた4つの要素もまたハンガリーの文化的多元性のごく一部でしかないのですが、こうした要素が互いに共鳴しあって新たな文化的展開を見せることが、ハンガリーでは常に可能であり、同時に、今後に期待されるところでもあります。

＊

ペーチ大学の社会学教授ナジ・エンドレ Nagy. J. Endreは、かつて大学に赴任して間もないころ、「ペーチにはハンガリーでも最も質の高い仲間の集いがある」と語っていました。そのときからはや20年以上が経過しましたが、その仲間の集いは、このシンポジウムがひとつの例証となっているように、おそらく今ではその質の高さを世界に向けて発信しつつあるのではないかと思われます。

（2007年11月18日）

▌ ハンガリーの哲学について

20世紀において、ハンガリー出身の自然科学者が世界的に華々しい活躍をしたことに比べると、西洋哲学の歴史に名をとどめるような貢献をしたハンガリー人は、これまでのところG. ルカーチを除いて、ほとんど出ていないように見えます。そのルカーチも、疎外論へのユニークな貢献はありますが、どちらかといえば世界の人名事典などでは哲学者というよりは、

マルクス主義の文芸評論家ないしは美学者という扱いのようです。

　それではハンガリーにはユニークな哲学者や思想家はいないのかといえば、決してそんなことはありません。ただ、彼らが国内外の主流ではなかったことと、諸外国に知られる機会が少なかったに過ぎません。さすがにユニークな発想のハンガリー人だと思わせてくれる人物は、自然科学だけでなくこの分野でも少なからず見受けられます。

　とはいえやはり、ハンガリーと聞いて哲学者や思想家のイメージが湧いてこないのは事実です。デカルトやカントやヘーゲルといった大思想家は出ていません。ただ、そうしたビッグネームは100年に一人も出てくるものではないので、仮に出てきたときには、ハンガリーが哲学によって知られるようになる事態も考えられないわけではありません。たとえば、イギリス演劇や文学においてシェークスピアが生まれなかったときのことを想像してみると、いわゆるビッグネームの持つ力の大きさが分かるのではないでしょうか。

＊

　1970年代から80年代にかけての共産主義的政治体制下のハンガリーでは、西側の「ブルジョワ思想」に冷淡だったということも手伝って、構造主義からポストモダンの思想の流れは無視されているかのように、ほとんどといっていいほど顧みられていませんでした。仮に否定的にでも、アクティブな現代思想の問題にかかわろうという姿勢がないのはちょっと面白い現象でした。

　もともと構造主義からポストモダンという現代思想の潮流が生まれてくる背景には、西洋哲学の伝統というものが、あまりにも合理的思考＝理性にとらわれすぎていたことへの反省があります。西洋哲学の主潮流はこれまで極端なほど理性中心にものごとを考えすぎてきたため、理性ではとらえられない要素をことごとく哲学から排除していたからです。言ってみれば、西洋哲学は考えることの中に、信じることや感じることをあえて含めないように努めてきたのです。

現代ではそれに対する反動として、1970年代から80年代にかけての現代哲学はむしろ感性や身体、言語というような、理性ではとらえ損なってしまうようなテーマをとりあげるようになりました。それはそれで理屈はわかるにしても、そもそも理性とは何ぞやというところから問題にしなければならない日本のような文化圏からみると、現代西洋哲学の少なからずナルシスティックな深刻さや、あえて難解な表現をとろうとする意図もまた共有できませんでした。

　この現代哲学特有の事情には、わが国では分かった振りをして飛びつくインテリが少なくありませんでしたが、当時のハンガリーは先にもみたように冷淡でした。その背景には政治的事情だけでなく、ハンガリーが西洋特有の文化的歴史的背景を体質的に受け付けない傾向があるようにも思われます。ハンガリーの知性はたとえばドイツのそれのように論理に執拗にこだわるわけではなく、フランスのように美しくおしゃれにまとめようとするのでもなく、途中のプロセスを飛び越して、直感的に本質を把握することに長けているように見えます。

　その点で、当時のハンガリーの知識人はポストモダンの本質的退屈さを見透かしていたようなところもあり、妙に分かった振りをしたりしないのはいっそさわやかだと思ったことがあります。

＊

　ところで、本来、人間の生死や存在そのものにかかわる問題を他人に伝わる言葉で考える（書かなくてもかまわない）のが哲学だとするなら、哲学には国籍や文化による本質的な違いはないことになります。実際、古今東西の先哲がそれぞれに考えてきたことは、突き詰めると皆同じ問題に行き着くと言えなくもないので（井筒俊彦『意識の形而上学』中央文庫, 2001年などでは、そのあたりの事情が見事に述べられています）、実は「ハンガリーの哲学」という独自の哲学があるわけではありません。

　しかし、ハンガリーでも、かつてウラル山脈の麓にいたころから、本質的なことを考えていた人間はいたはずで、そうした人びとが伝統的な仲間

終章　余　滴

社会（társaság）の中で哲学を育んできたのではないかと想像することはできます。ハンガリーの仲間社会は今日でも老若男女を問わず気の合う人びとが参加することのできる知的触発の場でもあるからです。

　というわけで、哲学というものに対する今日の講壇哲学的偏見を取り去って、広く思想の問題として先哲の業績を見直してみたとき、ハンガリー出身のほとんど忘れ去られかけた過去の、あるいは今日の思想家たちを再発見し・再評価する道も開けてくることでしょう。

　最後にハンガリーのユニークな思想家とその作品の中からハンガリー語以外の言語で読むことのできるお勧めの作品をいくつか紹介しておきます。

1　マダーチ・イムレ（1823–1864）『人間の悲劇』（今岡十一郎訳, 審美社, 1965年）

2　G. ルカーチ（1885–1971）『歴史と階級意識』（平井俊彦訳, 未来社, 1962年）

3　マイケル・ポラニー（1891–1976）『知と存在』（佐野・澤田・吉田訳, 晃洋書房, 1985年）

4　同『個人的知識』（長尾史郎訳, ハーベスト社, 1985年）

5　Thomas Molnar（1921〜2010）, *Authority and It's Enemies*, New Brunswick and London, 1995.

　なお、5のトーマス・モルナール（Molnár Tamás）は、世界的に著名な哲学者で、その著作は英仏独語で発表ないしは翻訳されています。わが国ではまだ翻訳がありませんが、私のホームページ（http://homepage3. nifty.com/thinkers）でほかの思想家とともにハンガリー語からの翻訳を紹介していますので、よろしかったらご覧ください。

（2008年 1 月14日）

▌レンジェル・メニヘールト（1880－1974）

　レンジェル・メニヘールト（メルヒオール・レンジェル）は、モルナール・フェレンツ（1878–1952）と並んで、20世紀前半のハンガリーを代表する

劇作家の一人で、当時発表した戯曲はハンガリー国内のみならず、すぐさま諸外国語に翻訳されては、ヨーロッパ各国で上演されていました。

　レンジェルが世界的な成功を収めた戯曲が、ベルリンに駐在する日本人エリートを主人公にした『台風』（1909年）です。日露戦争後の日本人に対する興味も手伝ってか、ヨーロッパ中で繰り返して上演されました。わが国でも1914年にドイツ語からの邦訳が発表され、翌年には帝国劇場で上演されています（丸山珪一「『黄色い猿』の血は赤かったか？」金沢大学経済学部論集第23巻所収論文参照）。

　1919年にはパントマイム台本「中国の不思議な役人」を発表し、これに感動した作曲家のバルトークがレンジェルの同意を得て付けた曲が同名の舞台音楽です。音楽としては実に個性的な名曲で、バルトーク本人の自信作でもあったようです。現在いろいろな種類のCDが出ていますので、聴き比べてみるのもご一興かと思います。CDのライナーノーツには台本の概要も載っているものがありますので、ご覧いただくと、どのような内容かがわかります（なお、ハンガリー語からの全訳は私のホームページ「知られざる思想家たち」http://homepage3.nifty.com/thinkers/上の「ハンガリー演劇の部屋」にもあります）。

　レンジェルの作品は、人間の情念の根底にある純粋で儚く美しいものを掬いとろうとするもので、とりわけ初期の作品は本人が自伝の中で認めるように、イプセンやストリンドベリの系譜に位置しています。要するに、芸術的で、微妙にわかりにくいところがあります。演出によっては、本当に言いたいことが観客に何も伝わらない場合もあるわけです。

　一方で、レンジェルは上質の洒落た喜劇も書ける人だったので、ハリウッド映画の脚本原案や原作を手がけてこれまた成功を収めるようになります。1937年からアメリカに移住し、エルンスト・ルビッチ監督とのコンビでは、ディートリヒ主演の『天使』（1937年）やガルボ主演の『ニノチカ』（1939年）をはじめ、『生きるべきか、死ぬべきか』（1942年）が有名です。中でも『ニノチカ』は廉価版DVDで入手しやすくなっています。よろしかっ

たらご覧下さい。本当によくできたコメディーです。10年ほど前まではわが国でも黒柳徹子主演で舞台にかかっていましたが、今後はどうでしょう。

さて、こうしてレンジェルは世間的には成功しますが、芸術家としての表現の可能性を伸ばしきれなかったという点では、終生悔悟の念を抱き続けたようです。とりわけライバルのモルナールが作家として脂の乗り切った頃に『緑の騎士』という名作を発表したことにはかなりの衝撃を受けたようです。

しかし、自らを失敗した芸術家ととらえていたレンジェルの長い人生は、それ自体が一つの作品でもありました。80歳の誕生日から書き始めた自伝と、94歳で亡くなる月までつけられた日記『わが人生の書』（1987年）がそれです。

ところで、レンジェルの資質を最もよく理解した人に森鷗外があります。鷗外全集にレンジェルの短編小説「毫光」の邦訳が収録されています。この小説のもつ独特の語り口と美しさは、「中国の不思議な役人」や『天使』、そして『わが人生の書』に通じています。さすが文豪です。おそらくはドイツ語からの重訳でしょうが、実に見事な翻訳です。

この「毫光」のハンガリー語原稿は当時の発表媒体がよく分からず、作品集には収められていません。ひょっとすると散逸してしまった可能性もあります。少なくとも今日ハンガリーでこの作品を読んでいる人はおそらくほとんどいません。しかし、その貴重な小品を鷗外訳の日本語で読めるのですから、日本語の読める人にとっては、何とも不思議な幸せではないでしょうか。一度是非お近くの図書館にでも足をお運びください。

（2008年 4 月 6 日）

ピシュタのこと

今回は私の友人ピシュタの話をします。ピシュタはハンガリーにはよくある名前イシュトヴァーンの愛称です。1985年春に友人の紹介でピシュタの家に 2 週間ほどホームステイさせてもらって以来、ホストファーザーと

かではなくて、友人として仲良くしています。私の父よりも年長ながら、付き合い方はあくまで対等な「友人」になってしまえるのは、ハンガリー文化の特徴かもしれません。私の1987年から1990年までの留学中も毎週遊びに行っては、ピシュタのピアノと私のフルートでいろいろな曲を合わせたものです。

　ピシュタは確か1925年の生まれだったと記憶しています。その年代の人たちは皆そうですが、ピシュタもまた、第二次大戦から社会主義、1956年革命といろんな難局を乗り越えてきた人です。

　ピシュタの家は、第二次大戦前には、ブダペストで最も大きなお菓子屋さんの一つでした。子どものころからドイツ人の乳母がいてドイツ語とハンガリー語のバイリンガルとして育てられました。これは、ドイツ語ができると将来的に有利だということで、当時のユダヤ人家庭では流行していた語学教育法だったそうです。

　小さいころからピアノのレッスンを受け、それなりに弾けるようになったある日、その先生から「これから演奏家になるためのレッスンと、趣味として弾くだけのレッスンと、どちらを選ぶ？」と聞かれたそうです。遊びたい盛りのピシュタは趣味として弾くほうを選んだのですが、後から思えば「プロの演奏家になれなくても高度なレッスンを受けておけばよかったなあ」と言っていました。

　ハンガリーのユダヤ人家庭は伝統的に子どもの教育に熱心ですが、熱心といっても、学校のテストの点を上げるためというよりは、まずは家庭で落ち着いた生活環境をととのえ、頭と心が十分はたらくような状態を作ることに気を配ります。子どもは朝も早めに起こしてゆっくり朝食をとらせ、落ち着いた気持ちで慌てずに登校させるというところから始まります。夕食後は家族みんなで読書の時間をもうけては、小一時間読書にふけるといった感じです。そこではピシュタのお兄さんが何か面白そうな本を読んで笑っていると「お兄ちゃんそれ何？」と覗いては、その内容をかいつまんで説明してもらったりというような、ゆったりした時間が流れていたそ

うです。

　さて、数学が好きで勉強がよくできたピシュタは高校を出て、首尾よく医学部に入学しました。しかし、医学部の勉強が肌に合わず中途退学してしまいます。実家の仕事は手伝っていましたが、第二次大戦では落下傘部隊に召集されたりもしています。

　ハンガリーが社会主義になったとき、実家の工場や店舗はすべて没収され、新たな仕事を探すのに苦労しましたが、バスの運転手の仕事に応募したとき、面接の部屋に「社員楽団のピアニスト募集」と書いてあるのを目ざとく見つけて、「自分はピアノができます」と言って横滑り的に合格させてもらったそうです。

　バスの運転の仕事を始めてしばらくたったとき、控え室でラテン語の本を読んでいる年配の運転手がいたので「どうしてまたラテン語の本を？」とたずねたことから親しくなったのが、博覧強記のジュリ元軍事判事で、軍事判事という職歴のため再就職にてこずって、バスの運転手になっていたのでした。ジュリおじさんはドイツ語でかかれたバッハの５センチもあるような分厚い伝記をピシュタに「面白いからおまえも読め」と貸してくれたりするのですが、さすがにピシュタも困っていた様子でした。ジュリおじさんは市井の歴史家でもあり、後にピシュタと二人でブダペスト史を共同執筆し、出版はできませんでしたが、その原稿をアカデミーの図書館に収めたそうです。

　ピシュタは数年バスの運転手を務めた後、タクシーの運転手に転職したのですが、そこでハンガリーのラリー選手権に参加し、タクシー部門の優勝をさらったこともあります。「何だか気がついたらどんどん勝っちゃったんだ」と言いながら当時の写真と賞品のラジオを見せてくれました。そのときのラジオは1980年代にはまだ彼の別荘で故障せずに動いていました。

　その後ピシュタはさらにブダペスト市の衛生局でゴミ収集と雪掻きの仕事に転じ、そこで管理職となり定年まで勤め上げますが、不要品のバザーをハンガリーで初めて企画するなど、豊かなアイデアを実現させるべく、

常に精力的に仕事をしてきました。また、昔好きだった数学を勉強したくて、仕事のかたわら大学の夜間の数学の講座に通って単位を取得したりもしています。今でも時間があると数学の定理集を眺めています。

　市の仕事を引退してからは、ピシュタはブダペストの衛生についての歴史書を出版しました。ゴミ収集などの仕事も専門的な研究としてピシュタの中ではしっかり実を結んでいたようです。ピシュタは日本のゴミ収集についても論文を書いていて、見せてくれたことがありましたが、自分の専門分野をこれほどまでしっかりした本としてまとめていたとは知りませんでした。

　当時ピシュタは遊びに行くたびに私にいろんな話をしてくれましたが、何よりも彼の人生に対する積極的な姿勢には感銘を受けました。ピシュタ自身は「自分は無神論で、共産主義者だ」とも言っていました。「若いときから神のことは何度も考えてきたが、神は存在しないという結論に達した」と言っています。世の中の悲惨さを目の当たりにするにつけ、そうした結論になったようです。また、ピシュタが共産主義者だというのは「エンゲルスの『家族・私有財産・国家の起源』が論理的に実によくできている」という理由からだそうです。数学や論理が大好きなピシュタらしい理由だなあと思いました。

　実は、無神論で共産主義者という人は、何かにつけて絶望しがちな現代社会において、決して人類の希望を捨てていない楽観主義者なのだということを、私はピシュタを見ていてあらためて教えられました。こんな人だからこそ、大変な時代の中で絶望することなく、明るく楽しい人生を過ごしてきたのでしょう。

　そのピシュタも昨年最愛の奥さんユトゥカを亡くしました。さぞかし落胆したことでしょう。来年は久しぶりにハンガリーに行ってユトゥカのお墓参りをし、ピシュタを励ましてきたいと思っています。またセッションできるかどうかはわかりませんが、フルートも持っていくつもりです。

（2008年7月31日）

終章 余 滴

▍エステルハージ『ハーン＝ハーン伯爵夫人のまなざし─ドナウを下って─』（早稲田みか訳, 松籟社, 2008年, 2,200円＋税）

　私が1987年から３年間ハンガリーに留学していた当時のことですが、毎週水曜日の晩にブダペストのとある映画館で当日一回に限り上映されるハンガリーの前衛映画シリーズを観ることにしていました。

　映画のほとんどは、バラージュ・ベーラ・フィルムスタジオで制作された前衛的な実験映画で、難解な作品がほとんどだったため、観客も毎回10人前後でした。その難解さは、背後に深い哲学・思想があるために、難解になったというようなものではありません。ただ、何となくこれしか言い様がなかったという体質的な表現のようで、ポイントを外してしまうことも多いので、あまり深く考えないほうが、観ている人の精神の健康には良いというようなしろものがほとんどでした。

　そんな難解な実験映画シリーズですが、一部のフランス映画のように、映画評論家や映画好きの思想家による哲学的・思想的説明を期待しているようなインテリ臭さがないのが救いでした。そもそもインテリの観客によって説明されてはじめて理解できるような映画なんて、もっと観たくないでしょう。少なくとも当時の私はそう思っていました。

　フランス映画といえば、その昔知り合ったフランス人が、「ゴダールの映画は精神分析的で、時代を先取りしていて思想的に深いものがある」などと言っていたのを心底呆れながら聞いていたことが思い出されます（今は、まあ、そうひどいものばかりでもなかったと思ってはいますが）。

　フランス人のこの種の映画好き、現代思想好きの感覚はパリのカルチエラタン界隈に独特のもので、今はさておき当時のハンガリー人にはなかったように思います。ハンガリーでは映画監督も思想家もフランスのようにちやほやされ、スター扱いされたりすることが少ないので、実験映画はあくまで実験として成功したかどうかという基準でとらえられており、それは思想にとっても映画にとっても悪くない環境だったと思います。

　それで実際にどうなのかといえば、ハンガリー映画にもフランス映画に

153

も、難解ながら鑑賞に堪えうる映画があるわけですから、世界中のどこで
もいわゆる難解な映画は健在なのだと思います。おそらく映画には映画で
しか表せない何かがあるからでしょう。（ただ、おそらく映画の制作者た
ちは評論する人種とはまったく違う論理で、わくわくしながら作っている
のだろうとも思います。）ちなみに、ハンガリー映画のメジャーなところ
では、かつてのヤンチョー・ミクローシュの映画などには難解で不思議な
味わいのものがありました。

　難解な芸術はもちろん映画に限られません。一般に近代に入るとそれま
での西洋文明がはっきりと分裂分解し始めたため、芸術家の精神がおかし
くなる少し手前のところの詩的・文学的表現が一部の人の支持を受けるよ
うになってきます。

　これが個人の問題であるだけでなく、その背景にある宗教的信念の問題
である限りは、神を失った個人の精神の問題として、純粋な西洋知識人の
自我をめぐる不安な物語が展開されることになります。

　この語り口は近代以降の思想、芸術におなじみのもので、用いられる符
牒は違いますが、難解でもって回ったような表現の背後に深い思想がある
ようで、そこはかとなくありがたく感じられるところがあります。もちろ
んその中身はといえば玉石混淆であったわけですが、それらに共通の弱点
があったとすれば、それは、近代芸術がみな自我の問題を語るためか、結
局のところ自我を神の位置に据えることでしか解決できないような方向に
進みがちだということです。この落とし穴から逃れるのは容易ではなく、
かつてのサルトルのようにノーベル文学賞を辞退するほどのスターになっ
たりすると、「でも傲慢はまずいでしょう」とはついに誰も言ってくれな
くなります。

　ちなみに、言うまでもないことですが、ここでのサルトルは記号にすぎ
ません。サルトルの代わりにポストモダンのフーコーでもデリダでも代入
できますので、念のため。

　さて、前口上が長くなりましたが、新刊のエステルハージの小説です。

154

ポストモダンの作家と呼ばれたりしていますが、翻訳者の早稲田みか先生のお話によると、本人はそれを否定しているとのことです。実際、ポストモダンという言葉は主人公に対するある種非難の言葉として本小説中にも登場します。

確かに作家が自身のことをそう呼びたくない気持ちは分かります。この聡明な作家はおそらくポストモダンの抱える西欧的な問題とその弱点にも通じていることでしょうし、何よりも、ポストモダンと呼ぶには作品の内容が豊穣すぎるからです。

映画で言うならフェリーニの『アマルコルド』や『そして船は行く』などの語り口と印象が近いかもしれません。ハンガリー映画なら伝説的名優ラティノヴィチ・ゾルターンの演じたクルーディ・ジュラ原作の『シンドバッド』（監督フサーリク・ゾルターン）でしょうか。

ものすごく饒舌ながらあまり意味のないおしゃべり、唐突な場面転換、美しい風景、残虐な歴史的場面の数々、冗談や諧謔が続くかと思えば、突然気の利いた言い回しが現れたりと、言葉の深い森をかき分けながら、この小説のドナウ川はゆっくりと西から東へと流れていくように作られています。

主人公はそのドナウを下る旅人です。実在する都市とその歴史の流れ、そして膨大な先人の文学・思想の森を読者と一緒に旅してくれます。旅の時間につきものの、何か酔っぱらって足が地につかないような感覚とともに、どこまでが引用でどこからが作者の言葉か分からないような言葉が、次から次へと不意の出来事のように読者を襲ってきます。

こういう言い方をすると、かなり前衛的で筋書きのない感覚の羅列のように思われるかもしれませんが、決してそうではなく、この小説はしっかり物語になっています。現代人の出口のない日常を描いていつの間にか終わるようなものではありません。たとえばフェリーニに「甘い生活」という映画がありました。あれはあれで甘美なやるせなさと退屈さが印象的でしたが、そのタイプではありません。この小説には中欧に固有の重たく苦い物語が組み込まれています。

この感覚はまぎれもなく現代人のものですし、この小説が現代芸術であることは間違いありません。それもかなり上質のものです。ただ、世の中にあるあまたの現代芸術とはひと味もふた味も違います。

　現代の文学ではしばしば当然のように「壊れた」分裂症的人間が出てきます。その点ではこの小説の登場人物たちも例外ではなく、どこか壊れてはいるのですが、作家の人となりを投影しているためか実に趣味がよく、現代思想のヒロイズムとは無縁です。

　また、これだけ現代思想と文学に通じ、考え抜かれた作品を生み出す作家であるにもかかわらず、作品はインテリ臭とも無縁です。これは作家が先に述べた意味でハンガリー人であり、同時に真の知識人だからではないかと思われます。

　作家は小説という自由な芸術形式の利点をフルに活かして、いろんな人の生霊、精霊、死霊、悪霊と語り合い、共鳴しあってもいます。由緒ある家柄というのはある意味で、そんな霊をいっぱい抱えているわけです。日本だったら平安時代の藤原氏のような感じでしょうか。

　本書はかなり訳しにくい作品のはずですし、これを迂闊に日本語に置き換えると難解極まりない翻訳文になるところでしょうが、そこは翻訳者の力量が並ではありません。見事に読みやすく美しい日本語に仕上がっています。さすがです。

　いずれにしても、やせ細ったポストモダン的小説の対極にある不思議な魅力をふんだんにたたえた現代小説です。ご一読を。

（2008年12月31日）

┃ヴィシュキ・アンドラーシュ講演「トランシルヴァニアの民話とフォークロア」

　岡崎会場では定員50名を超える聴衆の方がお越しになり、ヴィシュキ氏の講演に熱心に耳を傾けていました。私が知っている限りでも、地域で昔話の朗読や演劇に関わる方、民俗文化、音楽文化に関心のある方などがい

らっしゃいました。

　講演は、まず、昔話が語られる状況というのが、必ず一人以上の聞き手を伴うという点ですでに演劇的であるということ、そして、ヴィシュキ氏自身七人兄弟の末っ子で、お母様の昔話を聞きながら育ってきたという話から始まりました。

　ヴィシュキ氏のお父さんはチャウシェスク時代のルーマニアで政治犯として22年間獄中にあり、その間お母さん一人で七人の子どもを育ててこられたわけです。お母さんは育ち盛りで始終お腹をすかせた子どもたちに毎晩物語を語って聞かせてくれたそうです。末っ子のヴィシュキ氏はいつのまにか空腹であることを忘れ、眠りについていたとのことです。

　こうして多くの場合母から子へと語り継がれていく物語は民俗文化とアイデンティティーの核心となり、共に生きていく人びとにとっての生き方の哲学になります。

　それから話はトランシルヴァニアを代表する作家・劇作家のタマーシ・アーロンの「歌う鳥」の紹介に入ります。この作品は様々な民話のモチーフが取り入れられた劇作品で、登場人物たちの名前にも、共生や繁栄あるいはその反対の孤立や不毛を暗示する意味が込められています。作品には笑いや残虐性もふんだんにちりばめられていて、飽きさせない物語を繰り広げます。最後に愛し合う若い二人の男女が光となるシーンで終わるのですが、それは悲劇ではなくて希望を感じさせる象徴的結末です。

　この物語で注目すべきことは、登場人物の変化（へんげ）です。妹を殺そうとする姉たちが蛇に変身したり、やはり命を狙われて他の男たちから追われた主人公の少年は鳥になります。

　こうした変身、変化という物語の要素は言うまでもなく日本の能の作品「松風」や「道成寺」にも共通しています。仮にそのような能の諸作品がトランシルヴァニアの戯曲だと言われたとしても、また、トランシルヴァニアの「歌う鳥」が日本の能だと言われても何の不思議もないとヴィシュキ氏は言います。

こうした作品紹介と分析はすぐれて芸術的な話ですが、ヴィシュキ氏の優しい口調で語られると、聴衆の私たちもまたお母さんからではありませんが、一つの物語を語ってもらったような暖かい気持ちにさせられます。それは彼の優しい語り口と適切な言葉の選び方のためだと思われますが、実はヴィシュキ氏はこの３月にハンガリーの「ヨージェフ・アティッラ賞」という権威ある文学賞を受賞されていた優れた詩人でもあったのでした。

講演終了後幾人かの有志といっしょに岡崎城二の丸能楽堂を係の人に頼んで楽屋裏まで見学させてもらいました。ヴィシュキ氏も興味深そうに見学されていました。東京に帰ってからも話題にされていたそうですから、かなり感銘を受けられたようです。

なお、会場に併設された「ハンガリーの子どもたちの絵画と詩集サークルの作品」展示もこの日に限らず多くのお客さんが足を運んでくれたとのことです。

（2009年７月24日）

┃ ハンガリー来訪記

この夏、1994年以来ちょうど15年ぶりにハンガリーを訪れました。今回は文献調査と現地の研究者との情報交換という10日間の出張でした。

私の専門分野はハンガリーの法・社会思想史です。文献収集のため1985年から社会主義時代のハンガリーに足を運ぶようになり、1987年から1990年までの３年間は留学生として滞在していました。

当時の社会主義一党独裁政権の国はどこでも多かれ少なかれそうでしたが、旧東欧諸国の中では経済的自由化が最も進んでいたハンガリーであっても、自由を首根っこのところで押さえられた感じというのが人びとの間にありました。現代ハンガリーを代表する作家の一人、P. エステルハージはこれを「真綿で首を緩やかに絞められている感覚」と形容していました。しかし、さすがに今ではそうした空気はまったくなくなっています。

私が15年前に１週間ほど訪れたときには、ハンガリーが社会主義一党独

裁体制を放棄してまだ間もない時期でしたので、人びとの表情が明るく
なったということくらいしか感じられませんでしたが、さすがにそれから
15年もたってみると、街の表情もすっかり変わっていて、今浦島の思いで
した。

　とりわけ自動車は西側の外車ばかりで、かつてのようなソ連車や東ドイ
ツ車はほぼ姿を消していました。日本車も人気で、ハンガリーに製造工
場のあるスズキの車をたくさん見かけました。日本車はどのメーカーも
故障が少なくて評価が高いと聞きます。今日では週末に自家用車で郊外
のAUCHANなどの外国資本の巨大ショッピングセンターに買い物に行く
という生活パターンもハンガリー人の生活にすっかり定着した感がありま
す。

　わが国のいわゆる「失われた10年」の間にハンガリーは順調に経済成長
を遂げ、それに伴い物価も上がりましたが、全体に日本円との交換比率で
いうと、日本の半分弱くらいの感覚です。社会主義時代には10分の1とか
5分の1というときもありましたが、そこまでいかなくても1万円相当の
サービスに対して5,000円でおつりが来るという感覚ですので、いわゆる西
側からの外国人観光客にとっては相変わらずお得です。

　ハンガリーは温泉大国でブダペストをはじめ国内各地に温泉保養地があ
ります。そこでも為替レートの割安感が手伝って多くの外国人で賑わって
います。オーストリアとの国境沿いにあるショプロンという街には高級宿
泊施設付の歯科医院がたくさんあります。快適な部屋に逗留しながら歯の
治療をしても本国より安くつくということで、隣のオーストリアのみなら
ず、イギリスなど遠方からもツアーバスで乗り付けて治療にやってくるそ
うです。

　ハンガリー経済は昨年の世界同時不況の影響からは徐々に脱しつつある
ようです。景気が底を打ったという報道が帰国後しばらくしてありました
が、10日間ほどの滞在で感じたことを裏付けている気がしました。確かに
9月現在での失業率も9.7％と低くはありませんし、失業者のための食糧支

援に行列を作る人びとを見かけたりもしました。しかし、だからといって、街の雰囲気がすさんでいるという感じではありませんでした。

　すでにハンガリーはEUの一員になっていますので、EU諸国間の移動ではビザは不要で、パスポート・コントロールは乗り継ぎのヘルシンキ空港であっただけで、パスポートにはフィンランドの出入国しか記録されませんでした。1980年代にはヨーロッパ諸国を回ってパスポートがビザや出入国スタンプだらけになったことを思うと隔世の感がありますが、ものの本によると、そもそも第一次世界大戦前のヨーロッパはそんな感じだったそうですので、ヨーロッパの人びとにしてみれば旧態に復したということかもしれません。EUの拡大、整備をローマ法への回帰としてとらえてきたH. コーインクのような法学者がいるのもわかる気がします。

　今回の滞在中、ドナウ川沿いの街エステルゴムに足を運んだついでに、対岸のスロヴァキアの街ストロヴァに足を運んでみました。スロヴァキアもEU加盟国なので、当然のようにパスポート・コントロールはなく、旧検問所の跡だけが残っていました。ストロヴァではハンガリー通貨フォリントとユーロのどちらでも買い物ができました。両国の人びとは観光や買い物でお互いにしょっちゅう行き来しています。

　ところで、スロヴァキアは「新言語法」というスロヴァキア語以外の言語使用を制限する法律を可決したばかりで、ハンガリーではスロヴァキア国内のハンガリー系住民たちの人権問題が取りざたされていたときでしたが、少なくともストロヴァでは住民の間に不穏な空気が流れているようには感じませんでした。

　ちなみに現在、同法律は施行されていますが、ハンガリーとスロヴァキアはともに欧州安全保障協力機構（OSCE）の提言を受けて首相同士が会談を行ない、解決の道を模索しているところです。少なくとも両当事国ともに、国内の極右勢力を抑えることについては合意をみています。

　というわけで、街の様子はかなり変わってしまいましたが、ハンガリーの野菜や果物、お酒の味の良さは健在でした。ハンガリーは盆地で日温格

差がかなりあるため、農作物が全体に糖度を増して濃い味になります。ニンジンなどは生でかじっても果物のように甘いのです。ハンガリーは牧畜や家畜の飼育もさかんで、食料をすべて自給自足できる国でもあります。

お洒落なレストランも増えましたが、昔と違ってブダペストからジプシー楽団の入ったレストランが消滅しつつあるという話を聞きました。民族差別の問題が絡んでいるのかもしれませんが、そうだとしたら由々しきことです。

留学当時にお世話になった指導教授や友人たちは幸いにも皆元気にしていました。もちろん15年ぶりなので、相応に年輪を重ねていましたが、それはこちらも同じこと。まるで久々の同窓会といった感じでした。

皆それぞれに研究を続けていて、ある先生は80歳半ばを過ぎて老人ホームで暮らしながらも著作を出版されています。他の先生方も60代半ばを過ぎても次々と英語で論文を発表し、国際的にも活躍していらっしゃいました。おかげで実にたくさんの知的な刺激を受けることができました。

私自身についていえば、自分の仕事を世界に向けて発信することにもっと力を注ぐ必要があると痛感しました。国境を越えて世界中で同様の問題を考えている研究者が少なからずいる以上、会って話をするのには限界がありますが、英語による研究成果を発表すれば、その空間的距離は一気に縮まります。すでにその目途はついています。あとは努力あるのみです。

学生の皆さんと同様、私もまだまだこれから勉強しなければならないことが山ほどあります。学問に志すという意味では同じ仲間です。お互いにがんばりましょう。

(2009年 9 月23日)

あ と が き

　本書の各章は愛知産業大学・短期大学通信教育部生用のスクーリング講義「比較文化論」の内容に合わせて構成しました。全体として12回から15回の講義でこれまでお話ししてきた内容のほとんどが入っています（ただし、日本文化の中での能や歌舞伎の話とかつての名人桜間金太郎の『葵上』のビデオ映像についての内容は入っていません）。今後授業形態が変わったとしても、講義の内容はさほど違ったものにはならないでしょう。

　通信教育の学生諸兄姉はいつも極めて学習意欲が高く、集中講義の３日間、本当に私語一つなくしっかり話を聴いてくれるだけでなく、こちらの話を楽しんでくれているように見えます。ありがたいことです。

　本書では、これまでの卒業生たちの顔を幾度となく思い出しては、彼ら彼女らならどう反応するだろうかと考えながら筆を進めました。私にとっては心の中の強い味方でした。この場を借りてあらためて感謝申し上げます。さらに、かつての講義の思い出に本書を購入してくれたら、もっとありがたいです。

　というわけで、本書はこれまで私が上梓した２冊の論文集とは違って、できるだけ親しみやすく、読みやすくなるように心がけました。話が込み入ってきたら、なるべく講義中の自分の口調を思い浮かべながらポイントを絞って書くようにしました。そのため以前のものよりもずいぶん分かりやすくなりました。講義のライブ感が少しでも伝われば幸いです。なお、割愛した細かい議論については文中に紹介した文献を参照していただけたらと思います。

　とまあ、学生向けのことばかり書いていて恐縮です。本書は一般読者の方々にも十分楽しんでいただけると思います。書店で本書を手に取られたら、どうぞ迷わずレジにお持ちください。

ところで、「比較文化論」というのはどんなことでも話題にできますが、これをストレートに銘打った本は実はあまりありません。山本七平『比較文化論の試み』（講談社学術文庫，1976年）という名著がありますが、それ以外にこれといった本があまり見当たらないのです。

　実は、書名は教科書らしくないのもいいかと思い、これまでの拙著の題名も念頭に置きながら『人びとのかたち』と決めました。結構気に入っていたところ、ふと気がついたら自宅の本棚の中に長らく積読にしている塩野七生『人びとのかたち』（新潮文庫，1997年）を見つけてぎょっとしました。

　もしも積読せずにこの本をちゃんと読んでいれば、タイトルが印象に残るでしょうから、最初からこれを避けて考えたところだったでしょう。しかし、自分でもこのタイトルを途中まで考えたような思いがあるだけに（たとえば「人々」ではなくて「人びと」にするとか、「かたち」とひらがなにするとか）、本書にもこのタイトルを使いたい気持ちがどうにも抑えがたいものとなってきました。

　そこで、一計を案じて「比較文化論十二講」を副題として一連のタイトルにしようとしたわけです。作家へのオマージュだと思ってもらえれば幸いです。

　本書の話題は世界三大宗教やジャズの歴史、国民国家の形成史やハンガリー文化論、日本文化論、宗教論など多岐にわたりますが、私の趣味が強く反映していることは確かです。研究会などで「また道楽みたいな本を出して」と非難されるのは覚悟の上です。大体私が研究書と思って出しても同じようなことを言われるくらいですから、本書なんかはもう徹底して趣味の世界に走ったと見られても不思議ではありません。

　でもまあ、これも版元から話が来るうちが花です。大学の教科書だろうが何だろうが資本の論理に乗らなければ、書いたものを世に問うことすらできないからです。そもそも大学の研究紀要なんてハナから読者を想定していない上に、財政難の折から廃刊になったりしますし（まだ廃学になっ

ていないだけましですが)。

　それだったら、少しでも市場の論理に乗せてもらって、一般読者のみなさんにも楽しんでもらえるようなものを書けたら、お互いに幸せなことになると思いますが、いかがでしょう。

2011年2月19日

2014年改訂版へのあとがき

　版を改めるにあたり、誤字・脱字を訂正し、一部内容に修正を施しました。62頁にポラーニ家の「家庭内言語は英語」としていたのは私の思い違いでしたので、「英語やドイツ語を家庭で厳しく仕込まれた」とさせていただきました。実際父親からの手紙に子どもたちの外国語教育をしっかりやるようにとの記述が残っています（ヴェゼール・エルジェーベト『学究の系譜 – 原資料に見るポラーニ家の歴史』1986年)。

2014年8月25日

2019年改訂版へのあとがき

　2011年に刊行された本書は幸いにも版を重ねることができ、この改訂2版では先の版でも見落としていた内容修正（ハンガリー人がカルパチア

盆地にやってきた時期を8世紀末としていたのを9世紀に修正）を行うことができました。また、いくつかの章末に参考文献として、初版刊行以後に出た本や復刊された本を加えておきました。

　ここ2014年来毎夏ハンガリーに行く機会を作るようにしていますが、本書150頁に登場する1924年生まれのピシュタおじさんもまだお元気ですし、私も相変わらずナンバ走りを実践して学生たちと一緒にバスケのピックアップゲームを楽しんでいます。

2019年 1 月14日

三　苫　民　雄

［著者紹介］

三苫民雄 （みとま　たみお）

1958年　福岡市生まれ
1982年　明治大学法学部法律学科卒業
1987 〜 90年　ハンガリー政府給費留学生
1990年　エトヴェシュ・ロラーンド大学博士号取得（社会学）
1991年　明治大学大学院法学研究科博士後期課程満期退学
1991 〜 93年　日本学術振興会特別研究員
明治大学二部法学部非常勤講師、名古屋法経情報専門学校堀田校教諭、
近畿大学通信教育部非常勤講師を経て、
現在　愛知産業大学短期大学通信教育部国際コミュニケーション学科教授

研究分野
法哲学、法思想史、社会学

著　書
『人と人びと − 規範の社会学』いしずえ、2003年
『行政法 − クロネコ企業物語』コンポーザーズアーカイブ、2005年
『法と道徳 − 正義のありか』日本出版制作センター、2009年
『権力の社会学 − 力が生まれるとき』ふくろう出版、2012年
『価値と真実 − ハンガリー法思想史1888-1979年 − 』信山社（盛岡）、2013年
『間違いの効用 − 創造的な社会へ向けて』、ふくろう出版、2015年
『歴史の哲学、哲学の歴史 − ことばの創造力』、デザインエッグ社、2018年

ウェブサイト
http://homepage3.nifty.com/thinkers/

ブログ
http://thinkers.txt-nifty.com/

JCOPY 〈(社)出版者著作権管理機構 委託出版物〉
本書の無断複写(電子化を含む)は著作権法上での例外を除き禁じられて
います。本書をコピーされる場合は、そのつど事前に(社)出版者著作権管
理機構(電話 03-3513-6969、FAX 03-3513-6979、e-mail: info@jcopy.or.jp)
の許諾を得てください。
また本書を代行業者等の第三者に依頼してスキャンやデジタル化するこ
とは、たとえ個人や家庭内での利用であっても著作権法上認められてお
りません。

改訂2版
人びとのかたち
―比較文化論 十二講―

2011 年 6 月 20 日　初版発行
2014 年 9 月 15 日　改訂版発行
2019 年 2 月 20 日　改訂 2 版発行

著　　者　　三苫　民雄

発　　行　　**ふくろう出版**
　　　　　　〒700-0035　岡山市北区高柳西町 1-23
　　　　　　　　　　　　友野印刷ビル
　　　　　　TEL：086-255-2181
　　　　　　FAX：086-255-6324
　　　　　　http://www.296.jp
　　　　　　e-mail：info@296.jp
　　　　　　振替　01310-8-95147

印刷・製本　　友野印刷株式会社
ISBN978-4-86186-740-8 C3036
© Tamio Mitoma 2019

定価はカバーに表示してあります。乱丁・落丁はお取り替えいたします。